FALLADA · HOPPELPOPPEL – WO BIST DU?

Universal Bibliothek

BELLETRISTIK

Hans Fallada

HOPPELPOPPEL – WO BIST DU?

und andere Kindergeschichten

1989

Verlag Philipp Reclam jun. Leipzig

ISBN 3-379-00414-6

Text nach: Hans Fallada, Hoppelpoppel – wo bist du?, 10. Auflage, Verlag Philipp Reclam jun. Leipzig 1961. Geschichten aus der Murkelei. In: Hans Fallada, Märchen und Geschichten, 1. Auflage, Aufbau-Verlag Berlin und Weimar 1985
Ausgabe mit freundlicher Genehmigung von Frau Emma D. Hey, Braunschweig

Reclams Universal-Bibliothek Band 1280
1. Auflage
Reihengestaltung: Lothar Reher
Lizenz Nr. 363. 340/32/89 · LSV 7101 · Vbg. 10,9
Printed in the German Democratic Republic
Grafischer Großbetrieb Völkerfreundschaft Dresden
Gesetzt aus Garamond-Antiqua
Bestellnummer: 6614374
00200

Hoppelpoppel – wo bist du?

Kindergeschichten

1936

Lieber Hoppelpoppel – wo bist du?

Es war einmal ein kleiner Junge, der hieß Thomas. Dem hatten seine Großeltern zum ersten Weihnachtsfest einen kleinen Hund aus schwarzem Plüsch geschenkt, mit Hängeohren und frechen braunen Augen, eine Art Dackeltier, aber auf Rädern. Und da die Achsen dieser Räder nicht im Mittelpunkt saßen, sondern seitlich, hoppelte und wogte das schwarze Stoffgeschöpf auf und nieder, als haste es wild und über alle Kraft imaginären Hasen nach. Darum taufte der Vater den Hund „Hoppelpoppel", und als Thomas etwas älter geworden war und sprechen konnte, genehmigte auch er diesen Namen. Er liebte den Hund sehr, immer mußte er bei ihm sein, auch im Schlaf durfte er ihn nicht verlassen, und er wachte sehr genau darüber, daß die Eltern nicht nur ihrem Sohn, sondern auch dem Hoppelpoppel gute Nacht sagten. Es war eben eine richtige Liebe.

Nun geschah es, daß Toms Eltern an einen neuen Wohnsitz verzogen, weit, weit weg. Der kleine Thomas blieb während der Umzugstage bei der guten Tante „Kunjä", und mit ihm natürlich Hoppelpoppel – wie hätte Tom sonst bei Tante Kunjä schlafen können? Nach einer Weile war es dann soweit: Tante Kunjä fuhr mit Tom und dem Hund nach dem neuen Häuserchen. Auf dem Bahnhof erwartete sie der Vater, und der kleine Tom war so selig und verlegen über dies Wiedersehen, daß er schnurstracks seinen Kopf durch des Vaters Beine steckte und so den abfahrenden Zug betrachtete.

Dann gingen die drei Hand in Hand durch den Wald zur Mummi ins neue Häuserchen, und da kam plötzlich ein Augenblick, da Tante Kunjä angedonnert stehenblieb: „O Gott, habe ich nun doch den Hoppelpoppel in der Bahn liegengelassen!"

Der Vater machte rasch eine Kopfbewegung und sagte: „Still! Still! Hier hat der ‚Herr' so viel neue Eindrücke, daß er ‚ihn' einfach vergißt."

Tom sagte noch gar nichts. Er marschierte stramm auf seinen Beinchen zwischen den beiden Großen und sah die herrlich hohen Bäume mit den Pieksenadeln an. Dann kam ein Zwinger mit einem Hund, und nun stand die Mummi unten auf einer Treppe und hielt die Arme weit auf. Sie gingen durch eine große Tür auf einen weiten Balkon, und plötzlich war da unten ein langes, langes Wasser, und ein Dampfer kam um die Waldecke, und ein Kahn, zwei Kähne, viele Kähne ...

Es wurde Abend, und der kleine Junge mußte ins Bett. Er war müde und selig aufgeregt, aber als ihn die Mutter über die Bettleiter hob, sagte er: „Hoppelpoppel!"

Der Vater sagte ernst: „Hoppelpoppel fährt mit der Puffbahn, Thomas. Hoppelpoppel kommt morgen."

Das Kind sah seine Eltern fragend an, erst sagte es nichts, als aber dann das Licht ausgemacht wurde, bat es wieder, dringend: „Hoppelpoppel!"

„Thomas muß jetzt schlafen", sagte die Mutter streng und machte die Tür von außen zu. Die Eltern standen atemlos und lauschten. Nein, kein Gebrüll, kein Weinen, sondern Stille. – „Er wird sich beruhigen", sagte Mummi. „Aber besser ist doch, du gehst morgen zur Bahn und machst eine Verlustanzeige."

„Schön", sagte der Mann. „Obgleich es keinen Zweck hat. Denn der Zug fährt weiter nach Polen, und die werden uns gerade einen Hoppelpoppel zurückschicken!"

Am nächsten Morgen machte der Vater seine Verlustanzeige, dann kam der Nachmittagsschlaf – aber nein, es kam kein Nachmittagsschlaf.

„Hoppelpoppel!"

„Hoppelpoppel kommt bald."

„Nun! Gleich!!"

„Thomas muß schlafen!"

Gebrüll, Wut, Trostlosigkeit, Jammer, nur kein Schlaf. Und am Abend dasselbe. Das neue Häuserchen und das viele Wasser und der Garten und der Hund im Zwinger und die vielen Dampfer – alles nichts! Hoppelpoppel, lieber Hoppelpoppel – wo bist du? Hoppelpoppel, ein alberner, schwarzer Stoffhund, war eine finstere Wolke am Himmel, nach drei Tagen überhing sie alles!

„Also ich fahre morgen nach Berlin und kaufe einen neuen Hoppelpoppel", sagte der Vater zur Mummi.

„Vielleicht kriegst du solch einen gar nicht?"

„Soll das, bitte, hier so weitergehen?"

Der Vater fuhr also, und schließlich fand er auch seinen

Stoffhund, er fand genau den Hoppelpoppel. Er war lange umhergelaufen, er hatte viel Fahrgeld ausgegeben, aber: heute nacht wird Tom endlich wieder ruhig schlafen.
Der Vater war so glücklich über den kleinen Hund, am liebsten hätte er aller Welt Gutes getan. Da war im Abteil ein Kind, es war natürlich kein Kind wie der Thomas, nein, sondern ein dunkles, blasses Kind, es war ein meckriges Kind, es war ein schwieriges, störendes Kind, aber es war ein Kind ... Es saßen noch zwei Herren im Abteil, das hielt den Vater nicht ab, er machte Kuckuck mit dem Kinde, er lenkte es ab, er half der Mutter, so gut er konnte, aber es verschlug nichts, es blieb ein schwieriges Kind.
Der Vater nahm aus dem Netz das kleine braune Paket, das Kind sah zu. Er schnürte langsam das Paket auf, das Kind sah genau hin.
Was da wohl drin ist?
Er faltete das Papier auf, ließ ein bißchen sehen, mehr ...
„Hoppelpoppel", sagte der Vater ernst.
„Wauwau", antwortete das Kind selig.
Es wurde nun doch eine sehr gute Bahnfahrt. Siehe, der dicke brummige Herr in der Ecke war ein rechter Großvater, er zog den Hoppelpoppel auf der leeren Bank zu sich hin. Hoppelpoppel hoppelte. Der Vater zog ihn am Schwanz zurück. Das Kind jauchzte.
Manchmal ging eine kleine Sorgenwolke über des Vaters Herz. „Wie weit fahren Sie?" fragte er die Mutter des Kindes.
„Bis Neu-Bentschen. Und Sie –?"
„Oh, ich muß viel früher raus. Ihr Junge wird ja den Hund bis dahin überhaben."
„Das weiß ich nicht", sagte die Frau. „Wenn er was liebt, dann liebt er es auch richtig."
„Na, eine Weile fahren wir ja auch noch", sagte der Vater nachdenklich und ließ den Hund bellen.
Der Vater kramte das braune Papier wieder vor und den Bindfaden: „Nun paß auf, jetzt geht Hoppelpoppel schlafen."
Das Kind sah aufmerksam zu, aber dann, als der Hund im Papier verschwand, fing es an zu weinen. „Hoppäpoppä", sagte es klagend.
Alle redeten auf das Kind ein, das Kind weinte stärker, der

Vater sagte: „Ich brauche ihn ja schließlich nicht eingepackt mitzunehmen, er kann ihn ja noch den Augenblick halten …"
Das Kind nahm den Hoppelpoppel in den Arm, es lächelte, es lächelte – lieber Himmel, es war doch ein sehr ähnliches Kind …
Der Zug fuhr langsamer, der Zug hielt.
„Nun gib dem Onkel den Hoppelpoppel."
Das Kind hielt den Hund fest.
„Willst du wohl artig sein, gibst du –!"
„Aussteigen –!"
„Du sollst den Hund loslassen!"
„Gib mir doch den Wauwau, bitte, bitte! Ich habe auch einen kleinen Jungen …"
„Sie wollen noch raus? Bitte, beeilen!"
Alles ging durcheinander, das Kind weinte schmerzlich, der Schaffner schimpfte. Eine Hand (es war die Hand der Mutter) riß an der klammernden Kinderhand, das Weinen wurde lauter. Der Vater stand draußen mit seinem Hoppelpoppel, er dachte verwirrt: Wenn er was liebt, dann liebt er es auch richtig …
Der Zug fuhr an, der Vater riß die Tür wieder auf, warf den Hund ins Abteil. Der Zug fuhr schneller, am Fenster waren Mutter und Kind zu sehen, das Kind hielt den Hoppelpoppel …
Der Mann ging langsam durch den dunklen Wald nach Haus, er hatte es nicht eilig. Wenn er zu Haus ankommen würde, würde sein Junge grade ins Bett gebracht werden, er würde sehnsüchtig betteln: „Hoppelpoppel!" Der Mann bereute nicht, der Mann schalt sich nicht, er war nur traurig. Irgend etwas war nicht in Ordnung auf dieser Welt, irgend etwas stimmte nicht: Dem einen geben, daß der andere weint –?
Der Mann schloß die Tür auf, oben krähte der Tom. Der Mann ging langsam und leise die Treppe hinauf, er hing leise den Mantel fort, er zog seine Hausschuhe an … schließlich mußte er doch die Tür aufmachen …
Da aß sein kleiner Sohn am Tischchen den Haferbrei, und auf dem Tischchen stand der Hoppelpoppel! Der Hoppelpoppel mit einem langen, langen Zettel am Hals.
„Sieh nur, Mann", sagte die Mummi.

Auf dem Zettel standen viele bahnamtliche Vermerke, aber da stand auch: „Zbaszyn (Bentschen). Kleine schwazze Hund, särr biese. Beißt …“
„Kleine schwazze Hund, särr biese …“, sagte der Vater langsam.
Komisch: plötzlich war die Welt wieder in Ordnung.

Lieschens Sieg

Die Eltern wollten diesmal in der Sommerfrische völlige Ruhe haben, darum nahmen sie die Oma mit. Oma, Landpastorenwitwe aus dem Hannoverschen, bei ihrem letzten Besuch vor drei Jahren war sie von den begeisterten Kindern „Brummelchen" getauft worden. Oma konnte den Eltern gut und gern einmal die neunjährige Helga und den sechsjährigen Dieter abnehmen.
Leider erwies Oma sich als Niete, mehr noch, als Belastung. Der Vater geriet schon innerlich ins Kochen, wenn er die Ohrfeigengesichter seiner Sprößlinge betrachtete, die den Märchen und Sagen aus Omas Munde lauschen sollten. Und dann hatten die Kinder eine verfluchte Manier, mit den engelhaftesten Gesichtern des Himmels Omas hannoversche Aussprache nachzuahmen. Mit liebevollster Besorgtheit erkundigten sie sich nach „Ömäs Umschlägetuch", nein, verbesserte Helga, nach ihrem „Schööl".
Am sechsten Tage brach Oma zusammen und löste sich ob der Herzlosigkeit dieser modernen Kinder in Tränen auf; als dann am achten Tage ein versulztes Quallennest in ihren Zugschuhen gefunden wurde, reiste sie ab.
Frei stand es den Eltern, zu überlegen, wie in den letzten drei Wochen der Erholungszeit das noch unter den Berliner Standard gesunkene Nervenniveau des Vaters zu heben sei. Nach dem Satz „Kinder werden am besten von Kindern erzogen" wurde am zehnten Tage ein vierzehnjähriges Fischermädchen aus dem nahen Dorfe als Spielgefährte und Aufsicht für Helga und Dieter eingestellt. In dieser Nacht kamen die Kinder schlecht zum Einschlafen. Erstens war ihnen eine richtige Fischerstochter versprochen, mit Namen Lieschen Ahlf, zweitens war sie noch ein Stiefkind, denn ihr Vater hieß Albert Bienenweg. Es war das erste Stiefkind im Leben der Kinder, nach so vielen Stiefkindern der Märchen; und ein Fischer, der Bienenweg hieß, eröffnete neue Horizonte.
Lieschen Ahlf stellte sich ein und war eine grenzenlose Enttäuschung. Mit ihren derben, wollenen Strümpfen, einem schwarzweißkarierten Sonntagsrock, einem Rattenzopf im Nacken (strohgelb), stand sie ziemlich verlegen vor ih-

ren Schützlingen. Wenn nicht ihre grellen, scharfen Augen gewesen wären, hätten die Eltern gleich wieder den Kampf aufgegeben.
So aber erklärte der Vater: „Am besten überlassen wir die drei sich selbst." Und die Eltern machten endlich einmal einen langen Fußmarsch ganz für sich allein.
„Kratzt dich denn die Wolle nicht?" hatte Helga gefragt und auf die braunen Storchenbeine gezeigt.
„Nää", hatte Lieschen schön pommerisch breit geantwortet.
„Warum trägst du denn keine Florstrümpfe?" war die zweite Frage gewesen.
„Dat ist Wull von uns' Schoap!"
„Von uns' Schoap!" hatten die Kinder gejauchzt und unter gellendem Kriegsgebrüll einen rasch erfundenen Schafstanz um Lieschen ausgeführt.
Dann waren sie, unbekümmert um ihre Behüterin, an den Strand gestürzt und hatten sich um Verschärfung des Kriegszustandes mit einer Reihe „einfach gräßlicher Kinder" bemüht. Sie hatten, stets gefolgt von dem schweigenden Lieschen, in einer verhaßten Burg mit ihren schwachen Kräften einen Strandkorb umgestürzt, sie hatten die schön aus schwarzen und weißen Muscheln gelegte Inschrift „Nymphenburg" einer bayrischen Feste zerstört, und Lieschen wäre beinahe dafür von einem zornroten Elternpaar in Stücke gerissen worden. Sie rettete sich durch Dooftun und Plattsprechen.
Hätten die Eltern bei ihrer abendlichen Rückkehr nur einen kleinen Teil all dieser und mancher andern Schandtaten erfahren, wäre es wohl rasch mit Lieschens Hüterrolle und Geldverdienst zu Ende gewesen. Da aber Lieschen und die Kinder schwiegen, ging es weiter. Immer das gleiche Lied: zwei unbändige Rangen und ein schweigend folgendes Lieschen.
Bis sie eines Tages sagte: „Morgen kumm ick nich."
„Neese!" hatte der hoffnungsvolle Dieter geantwortet.
„Wat?" hatte Lieschen gefragt.
Und mitleidig hatte Helga erklärt: „Du hast wohl die Neese voll von uns?"
„Ick möt to Hus blieven, uns Kauh ward melk. Schall en Kalv kriegen."

Stillewerden, Stummheit, Schweigen. Gedankenvolle Ruhe von Helga und Dieter.
Und am nächsten Nachmittag wurden die Eltern mit rührender Besorgnis zum Schlaf geleitet, die Kinder würden auf dem Grasplatz Ball spielen, bis Lieschen käme.
Den dreiviertelstündigen Weg zum Fischerdorf legten Helga und Dieter in einem fast nicht unterbrochenen Trabe zurück. Dann erkundeten sie kühn, sich Hand an Hand haltend, beim Krüger des menschenleeren Ortes das Haus vom Fischer Albert Bienenweg, besahen es sich fünf Minuten von der andern Straßenseite.
Aber nichts rührte sich. Sie klinkten an der Tür. Aber sie war verschlossen. Sie trauten sich auf den Hof. Aber dort waren nur Hühner.
„Wie findest du das?" fragte Helga empört.
„Hat uns veräppelt", antwortete Dieter. „Ist doch ausgerissen."
Dann hörten sie das Muhen einer Kuh, wagten sich an die Stalltür – und standen vor Lieschen.
Aber es war ein sehr verändertes Lieschen, Lieschen nur in einem Hemd, in einem grüngestrickten Unterrock und in Tüffeln. Lieschen war Stallwache, denn Vater Bienenweg war zum Aalstechen auf dem Bodden, und Mutter Bienenweg mußte unbedingt Kartoffeln hacken. Mit Lina würde es wohl erst in der Nacht soweit sein.
„Doar sünd ji joa!" hatte das veränderte Lieschen nur gesagt. „Dat hev ick mi all lang dacht. Sett juch doar rein still up den Stallemmer!"
Und siehe da, Helga und Dieter, die sonst so Überlegenen, setzten sich wirklich fein still auf die umgekehrten Stalleimer und sahen sich nur mit großen Augen im Stall um, der schön sommerlich von Fliegen durchburrt war. Direkt vor ihnen stand die große schwarzbunte Kuh, schlug mit dem Schweif nach ihren Flanken, warf dann und wann den Kopf leise muhend hin und her und trat ständig von einem Fuß auf den andern.
Nach einer Weile schien es Helga an der Zeit, Erkundigungen einzuziehen. „Wo hat sie denn das Kalb?" fragte sie.
„Du Schoapsmichel!" sagte Lieschen. „In 'n Buk!"
Von keinem Menschen hätte sich Helga widerspruchslos Schafsmichel titulieren lassen, jetzt nahm sie es wie selbst-

verständlich hin. „Wie kann es denn da raus? Schneidest du sie mit dem Messer auf?"
„Dösbartel!" sagte Lieschen nur, aber eine tiefe Verachtung lag darin. „Nu swieg man still. Du stürst Lina bloß."
Sicher saßen die Eltern jetzt längst am Kaffeetisch, aber es war natürlich kein Gedanke daran, aus diesem geheimnisvollen Stall fortzugehen, in dem immer wieder die Kuh sich unruhig nach den Kindern umsah. Leise flüsterte Lieschen: „Töv, Lina, töv. Moder möt glick koamen!"
Und Lina drehte den Kopf zu Lieschen und muhte zurück.
Aber sie wartete doch nicht. Plötzlich hatte sie den Schwanz steil in die Höhe gereckt ...
„Doar is't all!" rief Lieschen aufgeregt. „Nu möten wi dat Kalv hoalen! Kumm her, Helga, foat an!"
Und ehe Helga noch wußte, was eigentlich los war, stand sie in ihrem weißen Kleid an der Kuh, die ihr ungeheuer groß vorkam, hatte einen wachsgelben, unendlich zarten Kälberhuf in der Hand ... Und nun kam eine zarte duffe Schnauze zum Vorschein, die blauen Augen, der ganze Kopf ...
Helga schrie auf, aber nicht vor Schreck, sondern aus irgendeinem aufgeregten Glück heraus – und dann war ganz schnell etwas unendlich Langes, Schwarzweißes, Seidiges da und schlenkerte zwischen den Kindern zur Erde.
Da lag das Kälbchen zwischen ihnen – atmend mit hastigen Flanken. „Loop, hoal Water, Dieter! Wat mötst du ok daun!" rief Lieschen. „Kumm, Helga, wi möten dat Kalv vörhen na de Kauh trecken!"
Und sie faßten es an und zogen die sechzig Pfund Kalb an den Kopf der Kuh und liefen dann selbst nach Wasser, denn Dieter versagte vollkommen vor lauter Aufregung. Und sie wuschen dem Kalb das Maul aus: „Dat stickt sünst!" Und sie streuten es mit Salz ein: „Möt Lina afliken, sünst givt sei nich Melk naug." Und es war ein Gelaufe und eine Aufregung und frische Streu holen und wieder Warten, bis nach einer halben Stunde das Kalb nun wirklich zum ersten Male torkelnd auf seinen Beinen stand und zum ersten Male nach dem Euterstrich der Kuh schnappte. –
Wolken hingen über des Vaters Stirn, als die Kinder nach Haus kamen am späten Abend, böse sah Mama aus und

noch böser, als sie Helgas Kleid sah – aber welch andere Heimkehr als nach den Streichen sonst! Es war nur ein Augenblick, und das Bösesein war verflogen, und die Wolken waren vergangen. Und es war wieder ein Augenblick, und die bedenklichen Mienen der Eltern lächelten. Die Kinder erzählten und fragten, fragten und erzählten. Und spät erst kamen sie ins Bett.

Aber als die Eltern dann noch später schlafen gingen, tauchte ein weißer Schemen neben Mutters Bett auf.

„Darf ich zu dir kommen, Mama?" fragte Helga, und das war seit ein oder zwei Jahren nicht mehr passiert. So lange war es her, daß die Mutter es nicht einmal mehr wußte. Vater schlief darüber ein, so viel hatten die beiden noch miteinander zu flüstern.

Plötzlich war die Welt ganz anders geworden, aus einer Bresche in der Wand herkömmlichen Lebens war Licht gefallen auf das Kind, ein geheimnisvolles Licht, aus einer geheimnisvollen Zukunft leuchtend.

Und als dann am nächsten Tage, als sei alles wieder im alten Gleise, Lieschen Ahlf, Stieftochter des Fischers Bienenweg, bei den Kindern auftauchte, mit den kratzigen wollenen Strümpfen, mit dem schwarzweißkarierten Rock und dem Rattenschwanz im Nacken – da faßten die Kinder beide dieses selbe Lieschen bei der Hand und liefen mit ihr gegen den Wald, voll des Entschlusses, sich von ihr Geschichten erzählen zu lassen, andere Geschichten, als Brummelchen erzählt hatte – dieselben uralten Geschichten, nur in anderer Fassung.

Das Märchen war zu ihnen gekommen, plötzlich waren die sinnlosen Streiche und Zänkereien weit weg. Irgend etwas Neues war eingetreten in ihr Leben, es konnte mit Helga wachsen, man konnte dessen nicht überdrüssig werden, es ging immer mit – Dieter freilich war noch zu klein, er würde es wieder vergessen.

Häusliches Zwischenspiel

Die Post am frühen Morgen hatte dem Vater einen Brief gebracht, einen umfänglichen Brief vom Finanzamt. Gewissenhaft notierte Briefträger Limburg das Datum der Zustellung auf dem Umschlag – genau sah der fünfjährige Thomas dem zu.

„Guten Morgen, Herr Rogge“, sagte der Postbote, und die Tür klappte zu. Der Vater saß schon über seinem Brief, er las eifrig, die Stirne gerunzelt …

„Vater“, ließ sich Thomas' helle Stimme hören, „warum hat denn Herr Limburg eine Zwei und eine Drei auf dem Umschlag gemalt? Vater, kann ich den Umschlag behalten –? Vater, gib mir mal eine Schere, ich will mir eine Brille aus dem Umschlag schneiden …“

Das stimmt doch nicht, hatte der Vater gedacht und schon den Schreibtisch auf der Suche nach dem Bankbuch aufgeschlossen, ich habe doch einmal im Juni und einmal im Mai überwiesen … Aber nun riß die Kette ab.

„Gib mir sofort den Umschlag her, Tom! Wie kannst du mir den fortnehmen?! Ich brauche ihn doch noch …“

„Wozu brauchst du denn den Umschlag noch –? Ollen, dreckigen Umschlag!“ Und Thomas retirierte gegen die Tür.

„Tom! Den Umschlag!“ rief der Vater streng.

„Aber woraus soll ich mir denn eine Brille machen?“ fragte Thomas kläglich und öffnete vorsichtshalber die Tür zum Eßzimmer. „Es ist nicht mal 'ne Marke drauf!“

„Hör mal zu“, sagte der Vater überredend und sah sehnsüchtig nach dem Brief auf dem Schreibtisch, der sofort beantwortet, richtiggestellt, zurückgewiesen werden mußte. „Du hast doch gesehen, wie Onkel Limburg was auf den Brief geschrieben hat?“

Keine Antwort, muffiges Schweigen.

Der Vater überging das vorsichtig. Er mußte raschestens an seinen Brief. „Das muß Vater aufheben, was Onkel Limburg geschrieben hat, verstehst du?“

„Gib mir deine Schere, Vater“, sagte Thomas mit schwerem Entschluß. „Ich schneide dir das Eckchen raus. – Es ist nur ein ganz kleines Eckchen …“, setzte er, wie sich selbst überredend, hinzu.

„Ich will aber nicht das Eckchen, ich will den ganzen Umschlag, Tom!" rief Herr Rogge unmutig, und es war beinahe, als seien die Rollen zwischen Vater und Sohn vertauscht und als sei es jetzt der Vater, der da meckerte. „Und nun mach zu, Vater muß arbeiten."
„Du hast aber gesagt, du willst nur haben, was Onkel Limburg geschrieben hat!" rief Thomas trotzig und retirierte aus dem Eßzimmer auf die Veranda.
„Nun aber Schluß!" schrie der Vater. Ja, es muß gestanden werden, der Vater schrie ganz unlogisch auf eine recht logische Antwort des Sohnes. „Sofort gibst du den Umschlag her!"
„Ich will aber eine Brille haben ...", jammerte der Sohn dagegen und lief die Stufen von der Veranda in den Garten.
„Tom!" brüllte der Vater. „Sofort kommst du –!"
Aber Thomas war schon um die Ecke vom Holzstall. Ist man zornig, gibt es kein Besinnen; der Vater stürzte wütend hinterdrein. Jauchzend merkte der Fünfjährige, daß sein Vater mit ihm Haschen spielte, er warf die langen Beine und verschwand, den schon arg zerknitterten Umschlag in der erhobenen Faust, um die Küchenecke. Der Vater stürmte schwerer hinterdrein, seine Beine waren noch schlank, aber sie trugen ein Bäuchlein. Diese elende Kurzatmigkeit! dachte er, um die nächste Ecke stürmend. Ich muß wieder mal zum Doktor ... Dieser ungezogene Bengel!
Aber es kam ihm nicht mehr vom Herzen, der Zorn war verflogen, durch den morgenfrischen, sonnenblitzenden Garten, immer um das Haus herum, stürmten Vater und Sohn.
Vom Küchenfenster beobachteten Käti, Isi und die Frau Dete den Umlauf mit Staunen. „Was ist denn jetzt los?" rief die Frau.
Stürmend keuchte der Vater: „Umschlag ... gemaust ... helfen ... Tom ..."
Aber Tom war schon an den Mistbeetfenstern vorbei zum Stall gerannt und verschwunden. Als der Vater in den Stall kam, sah sich das Hellapferdchen nach ihm um, die Erikuh muhte leise und mahnend nach Wasser, die drei Schweine grunzten übersatt in ihrer Box – aber kein Tom! Herr Rogge sah hinter die Futterkiste, in die Ecke mit dem Pfer-

degeschirr, er rief drei- oder viermal „Tom!“ – natürlich ohne Ergebnis. So gab er denn der Kuh erst einmal Wasser, und da der Schimmel sich so hatte, dem auch. Über dem Warten, daß der Stalleimer ausgesoffen war, beruhigte sich sein außer Rand und Band geratener Atem, und Herr Rogge dachte: Ich könnte das Datum der Zustellung, also den heutigen Tag, eigentlich auch auf dem Brief notieren. Ich brauche den Umschlag gar nicht.

„Aber …“, rief er mit einem Stoßseufzer bei sich, „soll denn dieser Bengel immer seinen Willen kriegen? Es ist unerhört!“

Er öffnete nachdenklich den Deckel von der Futterkiste und sagte zu dem eintretenden Fütterer Schulz: „Ist das alles Sojaschrot, was wir noch haben? – Dann muß ich ja gleich was bestellen. – Haben Sie übrigens den Tom gesehen?“

„Sitzt in der Sandkiste und macht Eierpampe, Herr Rogge.“

„Eierpampe – na schön, schön. Ich bestell dann also das Schrot.“ Und Herr Rogge marschierte in sein Arbeitszimmer zurück, erwägend: Ausgerechnet Eierpampe, sprich Sand und Dreck mit Wasser. Und ausgerechnet in meinen Umschlag wird er die Eierpampe füllen. Sehr schön. Was ich in der Jugend zuwenig an Willen gekriegt habe, kriegt Tom zuviel. Bin mal neugierig, was daraus wird. Eierpampe –!

Und damit setzte sich Herr Rogge an seinen Schreibtisch, vor seinen finanzamtlichen Brief, notierte säuberlich auf den Briefkopf das Datum der Zustellung und machte sich an die schwierige, mit viel Rechnerei verbundene Arbeit, die gesamten Haushaltungskosten des verflossenen Jahres zusammenzustellen, aufzuteilen, zu addieren …

„Zips … Zips …“, störte ihn die vorsichtige Stimme seiner Frau. „Zips – störe ich –?“

„Einen Augenblick! Sechsundachtzig, dreiundneunzig, hunderteins – hunderteins! Nein, nicht die Spur! Was ist denn?“

„Zips!“ sagte die Gattin (wir wagen es nicht, den richtigen Vornamen von Herrn Rogge hierher zu setzen, genug, daß er im häuslichen Leben „Zips“ genannt wurde). „Zips, ist das der Umschlag, den dir Tom geklaut hatte?“

„Möglich", sagte Herr Rogge zerstreut, suchte die Zahl „hunderteins" krampfhaft im Gedächtnis zu behalten und musterte das schmutzige, schmierige, nasse Etwas in den braunen Händen der Dete.
„Ist er sehr wichtig?" fragte die Frau vorsichtig. „Wir könnten ihn vielleicht trocknen und bügeln. Freilich, die Schrift ist etwas ausgelaufen. Tom hat nämlich ..."
„Eierpampe reingemacht, weiß schon. Steck das Ding ins Ofenloch. – Sonst noch was? Ich muß jetzt nämlich rechnen."
„Ja, Zips. Draußen sind nämlich die Herren wegen der Grenze. Aber wenn du eilig zu tun hast, kommen sie vielleicht noch mal wieder?"
„I wo", sagte Herr Rogge und gab sich einen Ruck. „Wir können doch einen Regierungsrat nicht fortschicken, Dete." Er stand auf, warf einen sehnsüchtigen Blick auf Brief und Zusammenstellung, notierte sich nochmals im Kopf „hunderteins" und sagte: „Vielleicht kommen die Herren zum Frühstück rein. Sieh, daß du für alle Fälle was da hast. Tschüs, Dete."
Und er nahm seinen Stock, pfiff dem Hunde Plisch und marschierte hinaus zur Grenze.
Anderthalb Stunden später war er wieder da. Natürlich hatte nicht Nachbar Bergfeld, sondern er, der Rogge, recht gehabt: Der Steinwall an der Grenze mit den Pflaumenbäumen gehörte noch den Rogges! Jeder, der eine Karte lesen konnte, mußte das sofort sehen! Na ja, na ja, also gut, war auch das erledigt und in Ordnung.
Herr Rogge pfiff vergnügt vor sich hin und zündete sich eine Zigarre an. Nicht erledigt und nicht in Ordnung war noch die Sache mit dem Finanzamt, nun, bis zum Mittagessen war noch gute Zeit: ran an den Kram! Aus der Küche ertönte freundliches Töpfegeklapper, Herr Rogge fand in seinem Geist frisch und unversehrt die Zahl „hunderteins" vor, erinnerte sich aber nicht mehr der Spalte, auf die sich diese Zahl bezog, und fing von neuem an zu rechnen.
Wenig später wurde er sich bewußt, daß er nicht mehr rechnete, sondern auf einen Dialog in der Küche lauschte, auf einen Dialog zwischen seinem Sohn Thomas und seiner Haustochter Käti. Die helle Stimme des Jungen klang so verbockt-streitsüchtig-weinerlich wie nur möglich, und

auch Kätis Stimme war eine rechte Portion Ärger beigemengt.
„Tom, laß das!"
„Kääääti! – Gib – es – mir – wieder!"
„Du sollst mich nicht hauen, Tom!"
„Aber ich will es wiiiiiieder haaaaben!"
„Es ist doch nicht mehr da, Tom!"
„Mach es wieder da, Käääti!"
„Das kann ich doch nicht, Tom. Geh jetzt aus der Küche, ich muß arbeiten."
„Erst gib es mir wiiieder!"
„Laß jetzt das Hauen sein, Tom, sonst …"
„Mutti hat es mir gegeben, ich will es wiederhaben!"
Mit einem Ruck erhob sich Herr Rogge. Der quenglige, nicht nachlassende Ton seines Sohnes hatte etwas vom Bohrer des Zahnarztes – es war ihm nicht zu widerstehen. Aus mancherlei Erfahrungen zwar wußte Herr Rogge, daß es besser sei, den Sohn seine Streitigkeiten allein ausfechten zu lassen, trotzdem ging er durch das Eßzimmer in die Küche.
„Was ist denn hier wieder los?" fragte er.
Thomas stand am Küchentisch und sah mit dem mürrischsten, zänkischsten Gesicht auf die große Haustochter Käti, die ihn nicht eben billigend betrachtete. „Nun, was ist, Thomas?" fragte der Vater noch einmal aufmunternd.
Aber Thomas wollte nicht antworten, er sah verdrossen seinen blaugrauen, gestrickten Pullover an.
„Dann muß ich Käti fragen. Käti erzählt es mir", sagte der Vater mahnend.
„Olle Käti! Olle Isi!" sagte der Sohn grollend und schwieg wieder.
„Gar nicht so oll", sagte der Vater lächelnd und wandte sich an die Sechzehnjährige. „Nun, Käti, erzähl du!"
Käti berichtete, daß die Mutter einen Pudding gekocht und den Topf dem Thomas zum Auslecken gegeben habe. Aber der Thomas habe den Pudding gewollt und nicht den Schlecktopf, und als er den Pudding nicht bekam, habe er auch den Schlecktopf nicht gewollt. Da hätten sie und Isi sich jede einen Löffel voll aus dem Topf zusammengekratzt – es sei aber noch genug darin –, und jetzt verlangte der Tom, daß sie das doch schon Gegessene wieder in den Topf täten, denn es sei sein …

Der Vater sah Käti an, dann den Topf, dann den Sohn.
„Nimm Topf und Löffel, Thomas", sagte er. „Es ist noch sehr viel guter Pudding drin."
„Erst soll Käti meines wieder reintun", sagte der Sohn beharrlich.
„Du willst nicht –?" fragte der Vater.
„Erst soll ..."
Der Vater nahm den Sohn am Ohr, Tom hielt mäuschenstill; er führte den Sohn – am Ohr – durch Eßzimmer und Veranda in den Garten.
„Hier, mein Sohn, spiele, und komm mir nicht wieder ins Haus, ehe du nicht anderer Stimmung bist."
Thomas stand still, das Gesicht etwas gerötet. Der Vater machte noch einen kleinen, zärtlichen Schlußzupf am Ohr und stieg die Verandatreppe hinauf. Im Augenblick, da er dem Sohn den Rücken kehrte, brach dieser in ein ebenso plötzliches wie fürchterliches Wutgebrüll aus.
Das war nicht der Schmerz wegen des gekniffenen Ohrs, das war nicht das Leid um den versäumten Pudding – das war Protest gegen die rohe Gewalt der Großen, Empörung, Rebellentum ...
Der Vater ging in sein Zimmer zurück – das Geheul klang ferne –, er lächelte stumm vor sich hin. Prachtvoll, wie die junge Kreatur sich aufbäumte! Das hätte er, Herr Rogge, mal mit seinem Vater versuchen sollen! Andere Zeiten, andere Kinder – und keine schlechteren, fand er und schmunzelte. Denn prachtvoll hinwiederum war auch, wie der Knabe Thomas dabei parierte! Kein Gedanke daran, daß er so brüllend das Haus betreten, in dieser Stimmung in die Küche eindringen würde. Lauter Protest gegen den Befehl, aber stiller Gehorsam für den Befehl! Keine üble Mischung. Fand Herr Rogge.
Nun aber zurück zum Finanzamt, zu der trockenen Sachlichkeit der Zahlen und Zahlungen!
Noch war der Vater sich nicht ganz klar, wo er eigentlich aufgehört hatte und wo wieder anzufangen war, als er merkte, daß er gewissermaßen in einer Wolke voll Gebrüll saß.
Wieder stand er auf und trat ans Fenster. Jawohl, direkt unter seinem Fenster, gerade unter der großen Blautanne, hatte sein Sohn die Wache bezogen und brüllte herausfor-

dernd das väterliche Fenster an. Hinter der Gardine verborgen, sah der Vater den Brüllerich und schmunzelte. Brüll du, dachte er. Brüllen, sagt der Arzt, ist für die Entwicklung der Kinderlungen recht gesund. Und warum eigentlich –? Wegen eines Löffels Pudding, der doch unmöglich wieder in den Topf zu spucken ist – pfui Deibel! So erfahren bist du auch schon, um das zu wissen, mein Thomas. Also um Streit mit uns zu suchen, deine Kräfte an unsern zu proben – brülle, Kleiner, brülle!

Der Sohn hatte die zornfunkelnden Augen fest auf die Scheibe geheftet, er brüllte, daß er dunkelrot wurde, er brüllte fast pausenlos, denn auch das Atemholen begleitete er noch mit einem seltsamen Gekreisch. Wäre das Höflein nicht so einsam gelegen, die Leute wären wohl zusammengelaufen über dem Gebrüll des unglücklichen Kindes, das vielleicht gar von seinen Eltern mißhandelt wurde!

Im Hause wußten sie wohl schon von der Ursache des übermäßigen Geschreis: keine Frauensperson ließ sich sehen – es war ein Duell zwischen Vater und Sohn. Plötzlich schien es Herrn Rogge, es sei vielleicht gar zu bequem, hier überlegen schmunzelnd am Fenster zu stehen und die entfesselten Naturgewalten sich austoben zu lassen. Als sei es mutiger, sich dem Feinde zu stellen. Schon war er im Begriff, das Zimmer zu verlassen, unter der Blautanne mit dem Sohne zu reden, ihn zu überzeugen …

Da brach plötzlich das Geheul ab, in gewaltiger Eile verschwand Thomas aus dem Gesichtsfeld.

Was nun wohl kommt? wunderte sich Herr Rogge. Das ist doch wohl nicht möglich, das ist ja noch nie dagewesen, daß er so plötzlich einen Streit aufgibt?!

Er hatte nicht lange zu warten: Um die Hausecke, um die er entschwunden, tauchte der Sohn wieder auf, aber gewissermaßen nicht allein, sondern in Gesellschaft eines handfesten Knüppels.

Nanu?! wunderte sich der Vater. Er will mich doch nicht etwa verhauen?!

Nein, das wollte Thomas nicht, etwas anderes lag ihm an. Nun hatte er so lange und so laut unter Vaters Fenster gebrüllt, und der Vater hatte es doch nicht gehört, war nicht einmal ans Fenster gekommen: also mußte er den Vater aufmerksam machen! Er stellte sich auf die Zehenspitzen, hob

den Knüppel, klopfte kräftig damit gegen die Scheibe – und im gleichen Augenblick brüllte er los, so jämmerlich, daß es jedes Mutterherz erbarmt hätte.
Herr Rogge aber in seinem Zimmer schüttelte sich vor Vergnügen. Es gibt Kinder, dachte er, die da gehorsam und artig durch ihre Jugend dahinlaufen, recht nach Erwachsenenart eingeengt durch Gesetze, Rücksichten, Verordnungen. Zu diesen Kindern gehört mein Sohn nicht, oh, weit gefehlt! Dafür wird er von seiner Jugend etwas gehabt haben und später, hoffe ich, seinen Mann stehen.
Herr Rogge zweifelte nicht daran, daß sein Sohn im geheimen das gleiche Vergnügen an dieser Brüllerei empfand wie er, der Vater, beim Anhören.
Doch nun geschah das Unglück: Müde des antwortlosen Gebrülls, hatte der Sohn etwas kräftiger mit seinem Knüppel gegen die Scheiben gepocht. Klirrend, scheppernd sprang das Glas, blitzschnell wurde der Knüppel fallen gelassen, blitzschnell und lautlos verschwand der Sohn um die Hausecke – und der Vater sah stumm durch die zersplitterte Scheibe und hatte die gute Gartenluft nun sozusagen frisch vom Erzeuger.
„I du liebes Gottchen“, sagte er sich verblüfft. „Das hätte ich mir ja nun eigentlich an meinen fünf Fingern abzählen können. Wer keine Antwort kriegt, fragt dringlicher, dringlichst, bis die Scheibe platzt. Ich sollte doch meinen Sohn kennen.“ Und ganz unlogisch, denn eben hatte er ja eigentlich die Schuldfrage schon entschieden, setzte er hinzu: „Na, warte, mein Junge, wenn ich dich kriege ...“
Höchstselbst löste er die Splitter aus dem Rahmen, höchstselbst, daß die Frauen nichts merkten, holte er Handfeger und Schippe, höchstselbst fegte er das Glas zusammen, und höchstselbst trug er es in die Abfallkiste.
„So“, sprach er und begab sich auf die Suche nach seinem Sohn, gänzlich im ungewissen, was denn nun eigentlich mit ihm anzufangen sei.
„Du, Zips“, sagte seine Frau Dete zu ihm. „Geh nicht mehr weiter fort, wir essen in zehn Minuten. – Weißt du übrigens, wo Thomas ist?“
„Ich werd mich nach ihm umsehen“, sagte Herr Rogge.
„Was hat er denn so gebrüllt? Immer noch wegen des Puddings? Und dann klirrte doch was?“

„Ja, ja", seufzte Herr Rogge schuldbewußt. „Ich bin dann in zehn Minuten mit dem Jungen da."
Herr Rogge ging um das Haus. Herr Rogge sah in Stall und Scheune. Herr Rogge ging in den Garten, er sah hinter Stangenbohnen, Spargelkraut, Himbeeren nach. Herr Rogge ging zum Holzschuppen und sah hinein. Leise rief er: „Tom!"
Herr Rogge ging dann hinter das Haus auf eine kleine Anhöhe und spähte auf die Felder: Still im Sonnenschein lag das Land, leise bewegten im leichten West die Seekante entlang Weiden und Ellern ihre Zweige. Aber kein Tom ließ sich blicken. Herr Rogge schaute auch in die Hundehütte hinein.
„Es ist gut, oller Plisch. – Hier ist Tom also auch nicht."
Grade kamen die Leute von der Mittagspause aus dem Dorf zurück. – „Hören Sie mal, Schulz, und ihr andern, habt ihr Tom vielleicht im Dorf gesehen?"
„Nee, Herr Rogge."
„Ach, Liebrecht, seien Sie so gut, setzen Sie sich mal auf Ihr Rad und fragen Sie von Haus zu Haus, ob Tom nicht da ist." Und mit einem schweren Seufzer: „Seit einer Viertelstunde ist er spurlos verschwunden."
Natürlich sagte einer: „Er wird doch nicht ans Wasser gegangen sein?"
„Nein, nein", sagte Herr Rogge hastig. „Tom ist vorsichtig, er weiß, wie tief der See ist. – Gehen Sie nur ruhig an Ihre Arbeit. Und wenn Sie Tom zufällig sehen, schicken Sie ihn ins Haus."
Herr Rogge ging *nicht* an den See, Herr Rogge ging ins Haus. Er ging von Zimmer zu Zimmer, sorgfältig die Frauen, denen er hätte Auskunft geben müssen, meidend. Vor jedem Bett machte er, ein klein wenig ächzend, eine Kniebeuge und sah hinunter. Im Kinderzimmer lagen verstreut Spielsachen. Der Ordnungssinn des Vaters erwachte, er nahm Stück für Stück und legte es in sein Fach.
„Aha!" sagte er sich. „Hier findet sich der Abreißblock wieder, der von meinem Schreibtisch verschwunden ist. Und da ist der Rotstift. – Ich muß hier doch mal gründlich ausmisten ..."
Dabei überraschte ihn Frau Dete. „Hier bist du, und die Suppe wird kalt. – Wo ist denn Tom?"

„Den suche ich ja grade", sagte Herr Rogge kläglich, Abreißblock und Rotstift in der Hand. Und dann gestand er, nach kurzem Zögern, die Geschichte von der eingeschlagenen Fensterscheibe und dem darauf erfolgten spurlosen Verschwinden des Sohnes.

„Aber Zips!" sagte die Gattin nur. Und als sie sein Gesicht sah: „Na, nun mache dir bloß keine schlimmen Gedanken. Ich sehe es dir ja an, du denkst schon wieder an den See. Es wird schon nicht so schlimm sein. Jetzt werden *wir* ihn suchen, und *wir* werden ihn gleich haben!"

Schon suchten sie, und wie man es merkte, daß sie suchten! Haus, Hof und Garten hallten wider von ihrem „Tom, Tom!"-Geschrei. Frau Rogge mobilisierte auch die Männer, alle guckten in alle Winkel, alle riefen an allen Ecken – und nun kam Liebrecht auch noch mit seinem Rad aus dem Dorf zurück und brachte die Kunde, dort sei der Tom auch nicht.

Überall suchen sie ihn, dachte Herr Rogge, sehr betrübt, nur am Wasser nicht. Sie haben ja auch ganz recht, am Wasser ist gar nichts zu suchen, vierundzwanzig Meter ist der See tief, und das Ufer fällt bergessteil ab.

Herr Rogge ging an das Seeufer. Er stellte sich auf seinen kleinen Landungssteg, neben ihm schaukelte das Motorbootchen. Er sah auf das Wasser hinaus. Blitzend und flimmernd, nur sanft aufgerauht vom leichten West, lag der See in der Mittagssonne. Friedliches Bild – und doch wurde dem armen Herrn Rogge über all dem Frieden immer friedloser zumute.

Er mußte wegsehen, dann weggehen. Unter den Uferweiden lag umgestürzt, sorglich auf Blöcke gelegt, der große Holzkahn, den sie nur im Winter zum Holzfahren gebrauchten. Auf ihn setzte sich langsam Herr Rogge, ließ die Beine baumeln und sah trübe in den blühenden Garten. Vom Haus her kam eine neue Welle von „Tom, Tom!"-Geschrei. Ach, ich hätte doch nicht so nahe am Wasser kaufen sollen! dachte der bekümmerte Vater. Wenn auch wirklich nichts passiert ist, *die* Sorge hat man doch immer.

„Tom! Mittagessen, Tom!" riefen sie. „Händewaschen, Tom!" riefen sie.

Es ziepte an Herrn Rogges Bein. Er zog gedankenvoll das Bein hoch.

Ist es *die* Sorge nicht, ist es eine andere, überlegte er. Seinen Sorgen entläuft keiner. Und will es auch gar nicht.
Jetzt ziepte es kräftig am andern Bein.
„Tom, es gibt Pudding!“ rief Frau Dete verführerisch von der Verandatreppe.
„Zum Donnerwetter, was kneift denn da?!“ rief Herr Rogge unmutig und sah grade noch etwas Weißes unter dem Boot entschwinden.
Wie ein Blitz war er vom Kahn und sah unter ihn. Da saß sein kleiner Sohn, zusammengekauert, teerig, strahlend unter dem Boot. Und lächelte ihn an. Es verschlug dem Vater den Atem.
„Thomas!“ sagte er dann, und Freude und Zorn stritten sich um sein Herz. „Thomas, was tust du hier?!“
„Psssst, Vater!“ machte Thomas geheimnisvoll. „Komm, kriech schnell runter zu mir. Dann rufen sie auch nach dir. Es ist sooooo schöööööön, wie sie rufen!“ Und er strahlte.
„Thomas“, fing der Vater an und wollte eine lange, eindringliche Rede halten von der zerbrochenen Fensterscheibe, nein, von dem verschmähten Puddingrest an bis zu der Angst und Sorge, die sein Verschwinden seinen Angehörigen seit einer halben Stunde bereitet …
Aber er brach ab. Es hatte *doch* keinen Zweck. „Komm, Mittagessen, Tom“, sagte er und zog den Sohn unter dem Boot hervor.
„Och, Vati“, schmollte Tom. „Immer, wenn was Spaß macht, soll ich es nicht.“
„Tja, Thomas“, sagte Herr Rogge und schritt nun schon, den Sohn an der Hand, aus dem Weidenschatten in die Sonne und den aufatmend strahlenden Gesichtern von Dete, Käti, Isi, Schulz, Liebrecht und andern entgegen. „Das kommt daher, weil ich schon alt und …“, ‚dumm‘ wollte er sagen, aber es widerstrebte ihm doch, „… und weise geworden bin …“
„Vater!“ sagte Thomas mit einem tiefen Aufatmen. „Ich will nie alt und weise werden. Nie!“
Keine Angst mein Sohn, dachte der Vater. Und: Heute, gleich nach dem Essen, mache ich aber den Brief ans Finanzamt fertig. Wenn mir nichts dazwischenkommt.

Gigi und Lumpi

Solange Gigi zurückdenken kann, wohnen sie in der Siedlung „Eigene Scholle". Mutti und Pappi – und Gigi dazu – haben dort eine Parzelle, tausend Quadratmeter groß, eine Laube und seit letztem Herbst Anschluß an die Wasserleitung. Daß sie das mit der Wasserleitung im eigenen Garten geschafft haben, daran ist Mutti schuld, sie hilft Pappi beim Verdienen: Aufwartung, Flicken und Stopfen, Neubauten saubermachen, Briketts in die Keller packen, alles, was ihr vorkommt. Mutti sagt nie nein.

Seit Gigi fünf Jahre alt ist, geht das so mit der Arbeit, und seitdem auch besorgt sie das Haus. Mutti kocht morgens das Essen an, Gigi macht es fertig. Gigi wäscht ab, Gigi jätet Unkraut, Gigi putzt Pappis Schuhe. Ihr sehnlichster Wunsch ist, daß sie erst so groß ist, an die Nähmaschine zu reichen, dann könnte sie „Mutti" „richtig" helfen. Jeden Sonntag muß Pappi Gigi messen, es geht sehr langsam mit dem Wachsen.

Aber es geht doch vorwärts, jetzt ist Gigi sechs Jahre und seit Ostern in der Schule. „Gisela Kößling", sagt sie. „Parzelle dreihundertfünfundsiebzig", sagt sie. „Packer", sagt sie. „Einundzwanzigsten Januar neunzehnhundertsechsundzwanzig in Neukölln", sagt sie.

Es ist herrlich in der Schule. Den ganzen Winter hat sie einsam auf der Parzelle gehaust, das nächste bewohnte Grundstück ist 381. Dort wohnt Herr Krupschert. Aber Herr Krupschert ist alt und dumm, findet Gisela, er war den ganzen Winter keine Unterhaltung für sie.

Jetzt hat sie Unterhaltung durch die Schule, aber sie hat auch Sorgen: Allein auf Parzelle 375 bleibt Lumpi zurück, ihr Hundchen, ihr Freund. Sie kann ja den Lumpi so lange nicht freilassen, Lumpi ist unverständig, immer macht er im Garten Schaden. Sie muß ihn in der Laube einsperren. Schwer ist für Lumpi, was für Gigi schön ist: der Vormittag.

Eines Tages kommt Gigi von der Schule nach Haus, schon von weitem hört sie Lumpi in der Laube weinen. So weinte er schon, als Gigi heute früh fortging. Gigi begegnet Herrn Krupschert.

„Hörst du das?“ sagt Herr Krupschert böse zu Gigi. „Das ist eine Gemeinheit!“
Herr Krupschert ist ein alter Mann mit einem gelblichweißen Bart, von seinem ganzen Rentnervermögen ist ihm nur die Parzelle 381 und eine Sozialrente geblieben. Gigi verachtet Herrn Krupschert, sie findet ihn dumm, weil er nicht einmal seinen Garten bestellt, sondern ihn wüst liegenläßt. Aber Herr Krupschert hat dafür keine Zeit, er muß ausrechnen, von wann an die Inflation böswillig verschuldet ist und bis wann sie gewissermaßen ein Naturereignis war. Wenn Herr Krupschert das ausgerechnet hat, wird er Herrn Reichsbankdirektor Schacht verklagen. Herr Krupschert rechnet schon manches Jahr, es ist sehr schwierig, er wird noch lange rechnen müssen. Aber dann gewinnt er den Prozeß, und alle verarmten Leute werden wieder reich.
Muß man so angestrengt rechnen, kann ein durch drei Stunden kläffender, weinender Hund sehr stören. Darum fragt er Gigi so böse, ob sie den Hund nicht auch bellen hört.
„Lumpi ist nicht gerne allein, Herr Krupschert“, sagt Gigi.
„Und ich soll das anhören?!“ sagt Herr Krupschert böse. „Wenn ich deine Töle erwische, schlage ich ihr einen über den Deetz. Daß du es nur weißt!“
Gigi steht da und sieht Herrn Krupschert nach. Daß manche Menschen böse sind, weiß sie schon sehr lange, weiß sie schon, seitdem ein Stromer ihr die Hand aufgebrochen und ihr die Mark Einholgeld fortgenommen hat. Also Herr Krupschert ist nicht nur dumm, er ist auch böse.
Gigi denkt den ganzen Tag und Abend nach. Mutti fragt, was los ist, aber sie sagt Mutti nichts, beileibe nichts, Mutti hat schon so genug Sorgen. Solange Lumpi in der Laube ist, entscheidet schließlich Gigi, ist er sicher. Das weiß sie bestimmt, daß keiner eine fremde Laube aufbrechen darf. Jeden Morgen schließt sie Lumpi sehr gut ein, und wenn sie Herrn Krupschert sieht, läuft sie weg.
Aber eines Morgens ist ihr Lumpi ausgebimst, tobt im Garten, läßt sich mit nichts in die Laube locken. Gigi *muß* in die Schule, sie hat einen Begriff von Pünktlichkeit; wenn Pappi mit dem Halbachtuhrzug kommt, muß das Essen fertig sein – daher weiß sie von Pünktlichkeit.
Gigi geht zur Schule, sie denkt ununterbrochen nach, um

sie herum tanzt Lumpi Freudentänze. Was ihr Sorge macht, bereitet ihm große Freude. Nirgendwo kann sie Lumpi abgeben oder einsperren, er könnte ausreißen, und dann haut ihm Herr Krupschert einen über den Deetz.
Gigi nimmt Lumpi mit in die Schule, es bleibt nichts, sie nimmt ihn mit ins Klassenzimmer. Oh, welch ein Hallo unter den Kindern! Herr Wendel ist noch nicht da, alle Kinder tanzen um Gigi und Lumpi. Lumpi ist ganz verschüchtert und will auf Gigis Arm. So kann ihn Gigi schnell, als Herr Wendel kommt, unter die Bank stecken, neben ihren kleinen Schulranzen. Immer wenn Herr Wendel mal wegsieht, legt sie eine Hand auf seinen Kopf.
Und Lumpi scheint sich ausgetanzt zu haben, oder er hat Furcht, er liegt mäuschenstill, nur einmal macht er einen Schnapper nach einer Fliege, und Herr Wendel fragt sehr laut: „Wie?“
Die Klasse lacht, und Herr Wendel versteht heute seine Klasse nicht, sie ist des Teufels, keines hört ein Wort von dem, was er sagt. Aber Herr Wendel ist sechsundfünzig und hat einen Bauch; sicher hat er schon zweitausend Kinder gehabt. Er weiß, man muß Kindern Zeit lassen. Er weiß auch, ein Baum wächst noch viel langsamer. Man darf nichts übereilen, nie heftig werden, weiß Herr Wendel.
Die Stunde ist vorbei, und in der Pause wird es schlimm für Lumpi. Die Jungens sind schrecklich frech, und die Mädchen wollen alle von ihm Küßchen haben, er hat eine kleine schwarze Affenschnauze und eine süße flinke, rosa Zunge.
Plötzlich steht Herr Wendel mitten in der Klasse und fragt furchtbar ernst: „Wessen ist der Hund?“
Es ist eine ungeheure Stille, Gigi will grade den Mund auftun, da ärgert den Lumpi wohl der schwarze, dicke Mann, er fährt an gegen ihn mit einem Gejachter.
„Dir, Gisela?“ fragte Herr Wendel und ist sehr böse. „Sofort bringst du den Hund auf die Straße!“
Gigi nimmt ihren Lumpi, sie hat ein sehr rotes Gesicht, aber sie sagt keinen Ton. Auf dem Flur schluchzt sie ein bißchen, und als sie die Schulhaustür zwischen sich und Lumpi zumacht, schluchzt sie noch mehr. Nun läuft Lumpi zur Laube, und da kommt Herr Krupschert und gibt dem Lumpi einen über den Deetz.
Also, die Schulstunde geht weiter, es wird eine richtige, ge-

wöhnliche Schulstunde. Die Kinder fingen an, auf Herrn Wendel zu hören, und nur Gigi denkt noch an Lumpi.
Da scharrt es plötzlich an der Tür, da kratzt es, da winselt es, da weint es, da bellt es – alle Kinder fahren zusammen, und Herr Wendel sagt: „Das ist doch unerhört, Gisela! Sofort jagst du den Hund weg!“
Und Gisela steht langsam auf, und Schrittchen für Schrittchen geht sie dunkelrot auf die Tür zu, am Pult vorbei, und grade, wie sie unterm Pult ist, sagt Herr Wendel plötzlich ganz milde: „Das hätte ich nie von dir gedacht, Gigi!“
Da aber ist es mit Gigis Fassung vorbei, die Tränen kommen, und mit den Tränen die Worte, und wenn auch alles sehr wirr und durcheinander ist: Herr Krupschert und die Laube, und Mutti, die auf Arbeit geht, und der Deetz – so viel versteht Herr Wendel doch, daß er früher ganz richtig von Gigi gedacht hatte.
„Also, hol ihn rein, deinen Lumpi. Und nach der Schule sprechen wir weiter.“
Welch ein Freudentanz von Lumpi, welch seliges Kindergesicht! Lehrend lernen wir, nun ja, und die Kinder sind jetzt auch musterhaft. Ein Hund in der Klasse muß verdient werden, das hätte Herr Wendel gar nicht erst zu sagen brauchen, das versteht jedes.
Aber dann in der Pause:
„Sicher, Herr Wendel, Lumpi hat Hunger!“
„Bei mir muß er auch einmal abbeißen dürfen!“
„Ich habe Knoblauchwurst auf der Stulle – frißt er auch Knoblauchwurst, Herr Lehrer?“
Gewimmel. Getriebe. Geschrei. Gebrüll. Kann ein ausgewachsener Mann zwischen solchen Stöppkes verschwinden? Herr Wendel verschwindet. Er schreit: „Kinder, Kinder, das geht doch nicht. Gleich stellt ihr euch da drüben hin! Gisela, hier zu mir stell du dich hin!“
Unmöglich –!
„Lumpi hat von Ernas Stulle abgebissen, dann darf er doch auch von meiner abbeißen, Herr Wendel –?!!“
Also, da steht Gisela mit Lumpi, da stehen dreiundvierzig Kinder, da steht triefend Herr Wendel. „Kinder“, schreit er wieder und ist um Auswege nicht verlegen. „Kinder, auf der Stelle legt jeder sein Butterbrot hier auf mein Pult. Nun aber schnell!“

Wirklich, er erreicht es, auf dem Lehrerpult liegen dreiundvierzig Stullenpakete, angebissen, halb verzehrt, unberührt.
„Jetzt gehst du mit Lumpi auf den Flur, Gisela", ordnet Herr Wendel an. „Und jetzt, wenn Gigi raus ist, nehmt ihr euch eure Butterbrote wieder und eßt sie ganz schnell auf – die Pause ist gleich vorbei."
Ist er ein Feldherr, der Herr Wendel, ein großer Organisator, der Mann der raschen, richtigen Entschlüsse? Armer Herr Wendel!
„Ich habe Stulle mit Klops gehabt, Herr Lehrer, die ist weg!"
„Wo ist meine Käsestulle?"
„Wollen wir tauschen? Ich gebe dir zwei mit Honig, gib mir eine mit Jagdwurst, ja?"
„Herr Lehrer, der Heinz hat sein Brot überhaupt schon aufgehabt, und nun ißt er immerzu!"
Armer Herr Wendel!
„Du könntest deinen Hund", fragt Herr Wendel zögernd nach der Schule, „nicht weggeben, Gigi?"
Gigi sieht Herrn Wendel nur an. Daß Götter so schwach sein können!
„Gut", sagt Herr Wendel entschlossen, „dann gehe ich jetzt sofort zu Herrn Krupschert, und er muß mir in deiner Gegenwart versprechen, daß er dem Lumpi nichts tut. Bist du dann ruhig, Gigi?"
„Aber richtig in die Hand versprechen, Herr Lehrer", sagt Gigi.
Und dann gehen sie los. Gigi, Lumpi auf dem Arm, Herrn Wendel an der Hand, zu Herrn Krupschert.
Lange, lange steht Gigi vor Krupscherts Laube, sie preßt den Lumpi so an sich, daß er schnauft. Die beiden reden drinnen und reden, das heißt, meistens redet Herr Krupschert, er erzählt von der Inflation.
Aber endlich kommen sie beide hinaus in die Sonne, und Gigi sieht Herrn Krupschert voller Angst an. Aber Herr Krupschert lächelt, er lächelt mit seinem ganzen weißgelben Bart aus den Nasenlöchern heraus: Herr Lehrer Wendel hat ihm nationalökonomische Bücher aus der Schulbibliothek versprochen.
„Ich habe gedacht", sagt Herr Krupschert und lächelt immer

weiter, „daß du schon ein großes Mädchen bist. Das darf man doch gar nicht, einem andern seinen Hund über den Deetz hauen."
Gigi sieht Herrn Krupschert an, sie tut auch manchmal, was man nicht tun darf. „Geben Sie Herrn Wendel die Hand darauf, daß Sie Lumpi nichts tun?"
Herr Krupschert tut es.
„Und nun geben Sie Lumpi die Hand", befiehlt Gigi.
„Na weeßte ...", sagt Herr Krupschert empört. Aber dann denkt er an die Bücher.
„Danke schön, Herr Lehrer", ruft Gisela, und dann läuft sie, läuft sie, läuft sie mit fliegenden Röcken zu ihrer Parzelle. „Lumpi, Lumpi, uns tut keiner mehr was!"
Wie hell plötzlich die Sonne scheint –!

Pfingstfahrt in der Waschbalje

Zu jener Zeit, von der wir erzählen, lebten auf dem Ausbauhof von Karl Päplow außer dem Bauern acht Frauen; seine Mutter, seine Frau und sechs Töchter in allen Altersstufen, aber keine unter dreißig. Außerdem gab es da noch einen kleinen Jungen, den Malte. Zu welcher von den sechs Töchtern der aber gehörte, das war schwer auszumachen; alle waren alle Stunden wie die Puthennen um ihn, bis der Bauer es nicht mehr sehen konnte, sondern mit Gebrüll dazwischenfuhr.

Das tat er gerne, das tat ihm gut, wenn seine acht Frauen in Zittern und Zagen davonstoben, denn Karl Päplow war nicht nur ein Brüller, sondern auch ein roher und gemeiner Kerl. Dies zeigte sich so recht, als er gestorben war: Die Frauen konnten zuerst gar nicht an ihr tyrannenfreies Dasein glauben und wurden dann, als er wirklich begraben war, ganz verdreht. Das erste, was sie ihrer neuen Freiheit zugute taten, war, daß sie alles, was der Bauer auf dem Leibe getragen hatte, verbrannten, und um den Scheiterhaufen tanzten und schimpften die acht. Der kleine Malte, drei Jahre alt, stand in einem Winkel und sah aus seinen großen blauen Augen dem abenteuerlichen Beginnen stumm zu.

Dort fand ihn der Gemeindevorsteher, als sie mit der Spritze angerückt kamen – und hohe Zeit wurde das, denn das Reetdach auf der Scheune glimmte schon. Er sah, daß es so nicht ging mit der Frauenwirtschaft, und besann sich auf einen verschollenen alten Vetter aus der Greifswalder Gegend, der im Rufe großer Weisheit stand. Den verschrieb er dem Ausbauhof als Knecht, Viehfütterer, Verwalter, Ersatzvater und vor allem als Mann: „Denn ein Mann muß her in diese Kakelei!"

Eines schönen Tages kam dann auch der Vetter aus „Grips", wie man dort für Greifswald sagt, auf dem Hof an, mit einer rotgestrichenen Lade und einer perlengestickten Handtasche. Der neue Herr über die acht Frauen war ein schwerer Mann mit starken Knochen und einem großen Bauch. Sein Gesicht war sehr rot, vor allem die knollige Nase, und alltags wie sonntags ging er in einem schwarzen Tuchanzug, der meist sehr dreckig war.

Als erster von allen erfaßte der kleine Malte die Situation: Er steckte sein kleines, weiches Kinderhänding in die große, harte Pranke des alten Mannes, nannte ihn „Onkel Walli" und zog ihn zu den jungen Hunden.
Aber gleich der nächste, der den Kram erfaßte, war doch Onkel Walli. Als er am Schluß seiner ersten Woche die acht Frauen zum Mittagessen rief und das übliche Gewusel anfing, das Hinundhergelaufe, das Schnell-noch-was-Besorgen, da rief er noch einmal klar und deutlich: „Middageten, segg ick, ji Mallen!", wozu bemerkt werden muß, daß „ji Mallen" in jener Gegend der ungeschminkte Ausdruck für „ihr Verrückten" ist.
Natürlich gab es Geschimpf und Gekeif, aber dazu sagte Onkel Walli nur tiefsinnig: „Mall seid ihr, und parieren müßt ihr darum!" Sprach es sachlich feststellend, wie etwa ein Arzt einem Kranken sagt, daß er die Grippe hat und daß deswegen dies und jenes geschehen muß.
Und Onkel Walli drang durch. Unerschütterlich bestand er auf Parieren, und kaum waren zwei Wochen vorbei, saß er fester im Sattel, als je der Brüller Karl Päplow gesessen hatte. Allerdings kam zu seiner erdhaften Beharrlichkeit, daß er nicht nur ein tüchtiger Landwirt war – das konnten die Frauen gar nicht so recht würdigen –, sondern daß ihn die Unheimlichkeit des großen „Besprechers" umwitterte. Was krank wurde, das heilte er, sein Ruf verbreitete sich in der Gegend wie die Wasserpest in einem Teich. Die Kühe besprach er; hatten die Schweine Rotlauf, so machte er ihnen einen Schlitz ins Ohr und steckte Kräuter da durch: „Das zieht die Seuche aus dem Leib!" Die uralte Oma setzte er vor sich in einen Stuhl und sah sie piel an mit seinen kugligen, traurigen, runden Seehundsaugen. Eine Viertelstunde lang, ohne ein Wort. „Oh, wat ward mi dat wunnerlich, wenn Onkel Walli mi so dörch un dörch kiekt!" sagte Oma bezwungen. Aber ihr Husten war weg, für diesen Tag wenigstens.
Ja, wenn Onkel Walli auch die Verzweiflung von Arzt und Tierarzt wurde, seine acht Frauen fürchteten ihn und gehorchten ihm, sein kleiner Malte aber liebte ihn. Seht, da waren nun alle diese Tiere auf dem Hof; wenn der kleine Malte mit seinem Onkel Walli auf die Koppel kam, so drängten sich die Kälber um den alten Mann. Sie konnten

sich gar nicht genug damit tun, seine schwarzen Tuchrockschlippen durchzukauen und über die fettglänzenden Ärmel zu lecken. Hatte eine Katze gejungt, ohne Fauchen und Kratzen ließ ihn die Alte an das Nest, und er zeigte dem Malte die blinden Miauzer, Tag für Tag, bis sie am neunten die Augen offen hatten. Und dabei erzählte er Geschichten von der Zauberkraft der Katzen und daß eine dreifarbige Katze den Hof vor Feuer schützt.

Der kleine Malte hörte ernsthaft zu, und dann gingen sie mit den Pferden hinaus auf den Kartoffelacker, und Onkel Walli behäufelte die Stauden, und Malte saß auf einem Rain und schlief oder sah zu oder lief durch das Holz oder horchte auch nur auf die Brandung der See.

Haben wir schon gesagt, daß der Hof an der See lag? Ja, er lag am Meer, an einem großen, weiten Bodden. Drüben, das jenseitige Ufer, sah man ganz ferne, grün von Wald und gelb von Sand und ab und zu ein Häuschen, nicht so groß wie ein Daumennagel. Zwischen diesem und jenem Ufer aber lag das Wasser, blau und grün oder grau, oder mit schäumenden, ununterbrochen redenden Wellen. Das gehörte zum Hof, das Meer, zum brüllenden Bauern Karl, zu den verwirrten Frauen, auch zu dem kleinen stillen Malte und nicht zum wenigsten zu Onkel Walli.

Erst mußte die Frühjahrsbestellung getan sein, aber dann, als alles wuchs, nahm Onkel Walli den Malte bei der Hand und stieg mit ihm den Uferweg von der Steilküste hinunter. Nun hatte der Hof zwar kein Boot, aber er hatte doch eine Waschbalje, eine kräftige, starke Balje, von einem tüchtigen Böttcher gebaut, mit flachem Rand, der das Rubbelbrett gut auflegen ließ. Und diese Balje hatte nun Onkel Walli sich an den Strand gewälzt, und Malte durfte nun zusehen, wie Onkel Walli vorsichtig, vorsichtig einstieg. Langsam, langsam stakte sich Onkel Walli mit zwei Stöcken auf das Wasser hinaus, atemlos sah Malte zu. Ja, sie trug, die Balje, Onkel Walli schwamm, und nun bettelte Malte, daß er auch mitdürfte. Aber so weit ging nun Onkel Wallis Zutrauen zu seinen Meereskünsten doch nicht, Malte durfte nur zusehen. Wenn einer ins Wasser fallen sollte, so durfte das nur Onkel Walli sein.

Aber er fiel nicht hinein, heute war der Bodden spiegelblank, und als er hundertfünfzig Meter draußen war, steckte

er die Stangen in den Grund, machte die Balje dazwischen fest und fing an zu angeln.
Für Malte war dies kein schöner Nachmittag. Da saß sein Onkel Walli draußen auf dem blauen Wasser, und von Zeit zu Zeit zog er etwas weiß Blitzendes aus der Flut – Malte rief und lockte den Onkel, aber der wollte nicht hören. Mit Brüllen versuchte es Malte schließlich auch – umsonst, am Ende schlief er ein. Und nun war Onkel Walli wieder da, die Waschbalje lag am Ufer, zwischen den beiden Stangen.
„Morgen gehen wir wieder, mein Malte", sagte der Onkel Walli. „Morgen ist Pfingsten."
Aber Malte antwortete nicht, Malte war böse, und selbst der Eimer mit Fischen konnte ihn nicht versöhnen.
Nun ja, schließlich wurde es Nacht. Über allem Kummer, großem wie kleinem, wird es einmal Nacht. Malte ist zu Bett gebracht, Malte schläft. Denken die Großen. Aber kaum zwei Stunden später kamen jammernd die Frauen zu Onkel Walli: Wo er den Malte hätte? Onkel Walli hatte keinen Malte; besaßen die Frauen nun schon so wenig Verstand, daß sie nicht wußten, in welches Bett sie ihn gelegt hatten?
Sie hatten Verstand genug – aber wo war Malte? Sie durchschauten das Haus, sie durchsuchten die Ställe, es war viel Gezeter und Klagen. Vielleicht wurde das Onkel Walli zuviel, er seufzte plötzlich tief auf und ging in die Nacht, stracks hinunter von der Hofstatt. Die hatten gut hinterherschreien.
Aber nach fünf Minuten war er schon wieder da und sagte, sie sollten sich nur ruhig hinsetzen, er wüßte jetzt, wo Malte sei, und in einer halben Stunde brächte er ihn. Lief von allen Fragen fort – oh, wie hastig lief er durch die Nacht zum nächsten Hof, weckte den Bauern, bat um das Boot. Ja, so war es, die Waschbalje war fort. Malte war fort, nur die Stangen hatten noch am Ufer gesteckt.
Sie machten das Boot los und ruderten mit einer Laterne hinaus. Gottlob, es war kein Wind aufgekommen, es war spiegelglatt, aber es lag Dunst auf dem Wasser, es war diesig. Sie fuhren hin und her, dann riefen sie und lauschten: nichts. Das taten sie die ganze Nacht, und dazwischen lief Onkel Walli immer einmal zu den Frauen hinauf und trö-

stete sie. Nun käme er gleich mit Malte, gleich, gleich brächte er ihn.

Oh, der arme dicke Onkel Walli, der große Hexer und Zauberer! Da stand er wieder vor dem Wasser, er stand und starrte. Wie eine schwarze Wolke ging es über seine Seele – wie kann man sein Herz so an eine kleine Hand gewöhnen, die in eine große, alte, verbrauchte sich legt?! Welche Nacht, Onkel Walli – wieviel Versprechungen, wieviel Gelöbnisse!

Und nun, da wir beinahe am Ende unserer kleinen Geschichte sind, sind wir ganz zweifelhaft, ob wir sie nicht vom andern Ufer her hätten erzählen müssen. Am andern Ufer ging am Pfingstsonntagmorgen ein Fischerehepaar zur Kirche, den Strand entlang. Die hörten eine Stimme singen und hoben die Augen und sahen auf dem blanken, sonneblitzenden Wasser eine Balje schaukeln, und in der Balje saß ein Kind, ein kleiner, blauäugiger Junge, der sang so vor sich hin, wie ganz kleine Kinder tun, wenn sie sehr glücklich sind, selbstvergessen, es ist mehr ein Zwitschern.

Die jungen Fischerleute glaubten an ein wahrhaftiges Pfingstwunder – und das war es ja auch, wenn auch anders, als sie meinten – und starrten nur. Aber nun hatte das Kind sie gesehen und hörte auf mit Singen und rief, und es rief, daß es Durst hätte. Der junge Fischer lief eilig, eilig in seinem Sonntagsstaat in das Wasser, und seiner Frau verging in der letzten Minute noch das Herz vor Angst, daß die Balje umschlagen könnte.

Aber dann war ihr kleiner Moses an Land, und plötzlich waren die beiden Eheleute sehr glücklich und weinten und lachten. Nur Malte wußte von nichts, als daß die Nacht sehr lang gewesen war und daß er geschlafen hatte und war wieder aufgewacht und immer noch Nacht und wieder geschlafen ... „Und so viel Durst!"

Dann kamen am Nachmittag mit den Kutschbraunen Onkel Walli und die uralte Oma und die andere Oma und Tante Hete und Mammi und Tante Tini. Mehr konnten die Braunen im Kutschwagen nicht ziehen. Es war eine große Zärtlichkeit, nur Malte blieb ungerührt.

„Nimmst du mich jetzt mit zu den Fischen, Onkel Walli?" fragte er. „Ich kann gut in der Balje fahren!"

Im Garten bei Rogges standen in einer kleinen Reihe beieinander zwölf Beerenobstbäumchen, immer abwechselnd ein Johannisbeer- und ein Stachelbeerbaum. Die Stämmchen waren einen guten Meter hoch, und auf ihnen saßen schöne, gutverschnittene, dunkelgrüne Kronen, so dicht, daß jedes leergepflückte Bäumchen doch immer noch die eine oder andere süße Traube oder Beere, die man übersehen, für den Sohn Thomas in seinem Innern barg.
Es war der Arbeiter Liebrecht, der entdeckte, daß in dem Krönchen der ersten Johannisbeere beim Haus noch etwas anderes saß. Alle Leute im Dorf und nun erst recht die auf dem Hof wußten schon längst, warum sich Rogges keine Katze hielten. So glaubte sich Liebrecht berechtigt, ohne weiteres in das Arbeitszimmer des Hausherrn einzudringen und ihn in den Garten zu holen.
„Was haben wir denn da?“ fragte Rogge und bog vorsichtig die Zweige des Bäumchens auseinander – und unterdes zerrte Thomas an den Hosenbeinen des Vaters und bettelte: „Vati, ich auch! Ich auch!“
„So, so“, sagte der Vater, und seine Stimme klang ganz tief und glücklich. „Da brütet hier wahrhaftig ein Grünfink! – Ja, sehen Sie, Liebrecht, *die* Freude hätten wir nun wahrhaftig nicht, wenn wir uns Katzen hielten ... Katzen *oder* Vögel, anders ist es nicht auf dieser Welt eingerichtet. Und ich für mein Teil bin in meinem Garten mehr für Vögel. – Ja doch, Thomas, jetzt sollst du auch sehen ...“
Tom wurde hochgehoben, und nun spähte er durch die Zweige. Da saß der kleine Vogel mit dem schönen grünlichgelben Rücken und dem aschgrauen Nacken auf seinem Nest. Die Flügel mit dem zitronengelben Rand hatte er wie kleine Fächer neben sich ausgebreitet, und das Köpfchen drückte er ganz eng auf den Nestrand, denn es war wohl etwas ganz Schreckliches, in der grünen, sonnengesprenkelten Geborgenheit zwei solche große, weiße Gesichter aufgehen zu sehen: den großen Mond und den kleinen Mond ...
„Vati –!“ fing Thomas an, und das kleine Vogelköpfchen drückte sich erschreckt noch enger in das Nest, über die

blanken, schwarzen Augen ging ein paarmal schnell etwas wie eine grauweiße Haut ...
„Und du mußt leise sein", sagte der Vater, „sonst fliegt er fort und kommt nie wieder, Tom. – So, nun hast du wohl alles gesehen, ja?"
Und er setzte den Jungen wieder auf die Erde.
„Aber warum fliegt er denn fort, Vati? Wir tun ihm doch nichts?"
„Ein Grünling hat immer Furcht, Thomas, weil er so klein und schwach ist. Du brauchst nur einen Hut in die Luft zu werfen, so denkt er, es ist ein Habicht, und versteckt sich."
„Vati, wirf doch mal deinen Hut in die Luft."
„Aber nein, Thomas, warum sollen wir ihn denn fortjagen? Er sitzt doch auf seinen kleinen Eiern. Und aus den Eiern werden wieder kleine Grünfinken, und die fressen allen Hedrichsamen in unserem Hafer auf, und das Schimmelchen kriegt schönen, reinen Hafer."
„Vati, zeig mir mal die Eier, ich will die Eier sehen."
„Das geht jetzt nicht, Tom", sagte der Vater. „Wir dürfen ja den kleinen Vogel nicht fortjagen. Aber ich will dir etwas sagen: Manchmal fliegt die Finkenmutti fort, um sich Futter zu suchen. Nun stell dich hier auf den Weg und sieh immer scharf das Bäumchen an. Kommt sie herausgeflogen, so rufst du mich, ich hebe dich hoch, und wir sehen uns die Eier an."
„Du brauchst mich gar nicht hochzuheben, Vati, ich hole mir meinen Tritt und seh allein hinein!"
Der Vater bekam große Furcht um die kleine Wochenstube in seinem Bäumchen. „Tom", sagte er ernst. „Das darfst du unter keinen Umständen tun, allein hineinschauen. Immer rufst du mich oder die Mutti oder Herrn Liebrecht oder Herrn Schulz. Nie schaust du allein hinein, sonst fliegt der Grünfink fort, und wir bekommen keine kleinen Vögel ..."
„... und Schimmelchen hat schlechten Hafer ... Na schön, Vati."
„Also, du versprichst es mir, Tom?"
„Geh jetzt weg, Vati. Ich steh hier und paß schon auf."
Der Vater verschwand hinter den Büschen, aber er ging nicht weit, er blieb hinter ihnen stehen. Sein kleiner Sohn

stand auf dem gelben Sandweg in der hellen Sonne und sah zu dem Bäumchen hinüber. Was das wohl werden wird? fragte sich der Vater sorgenvoll. Wie lange er das wohl aushalten wird?

Der Sohn stand, mit Schatten und Sonne im Gesicht, wie eine Mauer. Der Vater wartete. Recht gerne hätte er sich eine Zigarre angezündet, aber dafür war er nicht weit genug ab. Der Sohn hatte ausgezeichnete Ohren, die ein angerissenes Streichholz wohl hörten, und eine vorzügliche Nase für Zigarrenrauch.

Thomas kratzte mit dem Fuß im Wegesand und stand wieder still. Der Vater fand, er hatte eine unnatürliche Ausdauer. Ihm wurde die Zeit etwas lang. Über dem Garten hing die Sonne, der Wind kam leise, und die Blätter rauschten auf, er ging wieder, und nach kurzem Flüstern wurde es still. Es war so still, daß man den hellen, stählernen Klang der Hacken gegen einen Stein vom Kartoffelfeld hinter dem Haus her hörte.

Dennoch mußte der Vater in der guten Wärme ein bißchen gedöst haben, denn als er wieder hinsah, stand kein Thomas mehr auf dem Gartenweg. Aber das Kind stand unter dem Johannisbeerbäumchen – und klopfte sachte mit dem Zeigefinger an.

„Thomas!" wollte der Vater rufen und schämte sich doch seiner Spioniererei. Nein, er rief nicht, er ging sogar einen Schritt, zwei Schritte, mehr Schritte zurück. Hab ihm ja was aufgelegt, dachte er, mißvergnügt mit sich, was er gar nicht tragen kann.

Der kleine Neugierige klopfte weiter an. Der Erwachsene, im Widerstreit zwischen Vogelsorge und Pädagogik, ging um die Hausecke, entzündete eine Zigarre und schritt, laut sich räuspernd, auf den Sohn zu.

„Vati", sagte der, gar nicht verlegen im Gegensatz zum Aufpasser Vati. „Ich klopf immerlos an, und immerlos macht der kleine Vogel ‚piep-piep'. Vati, heißt das ‚herein'?"

„Also sehen wir noch einmal hin", sagte Herr Rogge, in sein Schicksal ergeben. „Aber dann gibst du für heute Ruhe, versprich mir das, Thomas."

„Heb mich hoch", sagte der Sohn, und – burr! – huschte der Grünfink mit „Tschick-tscheck!" aus dem Geäst.

„Haben wir sie doch zuviel gestört", sagte der Vater be-

trübt, und nun sahen die beiden in das Nest. Sechs Eierchen, bläulichweiß mit bleichroten Pünktchen, lagen darin.
„Oh, Vati!" sagte Thomas begeistert.
„Ja, Tom", antwortete der Vater, nicht minder froh. „Wie nett das aussieht, nicht wahr? Wir wollen sie nun aber auch gar nicht mehr stören, nicht wahr? Wenn das erst alles kleine Vögelchen sind ..."
„Piep-piep!" machte es.
„Sieh doch, da sitzt sie ja!" rief Herr Rogge. Und auf der Hängeweide, fordernd „piep-piep" rufend, saß der kleine Grünling und sah die beiden mit seinen flinken schwarzen Augen an. „Nun wollen wir aber gehen und ihn nicht wieder stören. Komm, Thomas."
Keine zwei Schritte waren sie fort, da schwirrte es an ihnen vorüber, zwischen die engen Zweige schlüpfte der Vogel, weg war er!
„Süße kleine Grünfinkenmutti", schwärmte der Sohn, nicht ganz ehrlich, sondern etwas begehrlich, schien's dem Vater. „Wann kommen die Jungen? Heute noch? Wie kann man sehen, Vati, was eine Finkenmutti und was ein Finkenvati ist? Wo ist der Finkenvati?"
An der Hand nahm der Vater den Sohn mit ins Zimmer, sah mit ihm Bücher und Bilder an, erst von Finken, dann von andern Vögeln, dann von Eisenbahnen, Autos, Fliegern, bis der Finkensturm beruhigt war, bis der Sohn ohne Sorge wieder in den Garten entlassen werden konnte – mit dem Verlangen, in der Sandkiste eine Autostraße zu bauen, mit Großgarage.
Ja, es war gelungen. Ohne Störung von Katze und Kind konnte das kleine Vogelpaar in den nächsten Tagen und Wochen Brut- und Pflegegeschäft verrichten. Gar manches Mal gingen zwar noch Vater und Sohn unter das Johannisbeerbäumchen, sahen und flüsterten. Aber die erste, die schlimmste Gefahr war abgewendet. Vogelmutter und -vater lernten die beiden Besucher kennen, die großen Monde, und nicht mehr drückten sie ängstlich die Köpfe gegen den Nestrand, gingen sie auf. Sondern sie warteten höchstens einmal mit ungeduldigem „Piep-piep" auf den Untergang der beiden lichtlosen Trabanten oder flogen auch gar, ganz dem Futtergeschäft hingegeben, unbekümmert

ein, den gierig aufgesperrten, bettelnden Schnäbeln entgegen.
Jawohl, die Eierschalen waren zerbrochen und über den Rand geworfen worden. Jämmerliche, häßliche, gelbhäutige Bündelchen, schwärzlich gespickt, waren daraus hervorgekrochen. Und nie hatte Thomas glauben wollen, daß aus ihnen eines Tages etwas werden sollte wie die säuberlichen, hübschen Grünfinken, die die Eltern abgaben. Ungestört wuchsen sie, hatten Hunger, und unermüdlich trugen die Eltern ihre Sämereien hinzu.
Enger und enger wurde es im Nest. Kamen Vater oder Mutter mit Futter im Schnabel, so drängten sich die Jungen, einander mit den Flügelstumpen stoßend, auf dem Nestrand, daß man in Furcht geriet, sie möchten sich gegenseitig in die schwindelnde Tiefe stoßen.
„Bald fliegen sie aus, Thomas“, sagte Herr Rogge glücklich. Sicher, es war eine kleine, eigentlich etwas lächerliche Freude; aber *das* Leben ist nicht ganz schlecht, das auf den ersten frühen Morgengang solche kleine Freude bereithält.
„Wann fliegen sie? Heute noch?“ fragte Thomas begierig.
„Das weiß man nicht. Heute, morgen, übermorgen – man muß eben warten.“
Miteinander gingen sie gegen das Haus zurück, Herr Rogge an seine Arbeit, Thomas entschlossen, im Dorf nachzusehen, ob dort nicht ein Gefährte zum Autospielen zu finden sei.
Drei Stunden später, gegen Mittag, erhob sich Herr Rogge, um seinen gewohnten Rundgang durch Hof, Garten, Feld zu machen. Im Stall traf er Herrn Schulz, und die beiden sprachen ein paar Worte über die Schweine, die jetzt besser fraßen.
„Fischmehl bleibt eben Fischmehl.“
„Aber sechs Wochen vor dem Schlachten muß man damit aufhören.“
„Sonst ist der Speck gelb ...“
„... und schmeckt tranig.“
„Jawohl“, bestätigte Herr Rogge und trat auf den sonnigen Mittelsteg des Gartens hinaus. Es war strahlend hell, der Himmel strahlend blau, strahlend grün das Laub, strahlend bunt das Geblüh. Über den Feldern vorne und rechts san-

gen, jubelten die Lerchen, zwei Wasserhühner jagten sich spritzend auf dem See, friedevoll stieg der Mittagsrauch aus allen dörflichen Schornsteinen drüben auf dem höheren Seeufer.

Friedevoll ...

„Tschick-tscheck!" klang es jämmerlich schreckhaft von der Hängeweide.

Unter dem Johannisbeerbäumchen stand der kleine, dreistufige Fensterputztritt, den der Thomas sich so gerne zum Spielen holte ... Herr Rogge bog die Zweige sachte auseinander ...

Friedevoll ...

Sinnlos leer sah ihn die kleine verwunschene Blättereinsamkeit an ... nackte Zweige ... keine Spur eines Nestes ... leer ... fort ...

„Tschick-tscheck!" klagte die Grünfinkenmutter.

Herrn Rogges Herz klopfte stark. Es ist nicht möglich, dachte er. So was tut mein Thomas nicht.

Er sah auf die Erde. Ach, keine Spur, keine verflogene Feder, kein hilfloses Junges, kein Rest des heimlichen Nestes ...

Herr Rogge lief, Trauer und Zorn im Herzen. So sinnlos ..., dachte er. Morgen wären sie vielleicht schon ausgeflogen gewesen ... Vierundzwanzig Stunden – und das Schicksal greift zu! Das Schicksal?!

Herr Rogge lief. Ja, es war ein Unglück, es war ein Fleck, es war eine Schändung. Er lief, aber nicht nur vom Laufen war sein Gesicht rot, nicht nur vom Laufen waren seine Hände schweißnaß ...

In der Sandkiste war Thomas nicht. Am Wasser war er nicht. Beim Stall war er nicht. Aber in der Schaukel saß er, mit einem andern Jungen schaukelte er – war das nicht der Walter Rehberg aus dem Dorf?

„Och, Vati, sieh mal, wie fein wir zu zweien ..."

Er brach ab, das Gesicht des Vaters erschreckte ihn, auch sein Gesicht verzog sich – in Angst.

Der Vater hielt die Schaukel an, hob seinen Sohn zur Erde, stellte ihn hin – auf den Walter Rehberg achtete er gar nicht: „Thomas, was ist mit den Grünfinken –?"

Mit zitternden Händen hielt er den Sohn vor sich und sah ihn liebevoll-ängstlich an. „Thomas?!" bat er.

Das Gesicht des Jungen verzog sich, schon brüllte er los, weinte …
„Thomas!“ bat der Vater. „Brülle jetzt nicht. Ich tu dir nichts. Aber sage, wo sind die Grünfinken? Unsere kleinen Vögelchen?“
Stoßweise kam es, zwischen Schluchzen und Brüllen, kaum verständlich: „Ich hab sie nicht ins Wasser geschmissen …“
Der Vater ließ den Jungen los, plötzlich war die Erregung vorüber. Er sah deutlich, wie in einem Traum, in dem man auch machtlos vor dem geöffneten Schreckenspanoptikum seines Ichs steht – er sah deutlich die böse Hand, die nach dem Nest mit der sechsfachen Hilflosigkeit, dem Leben anempfohlen, griff … Er hörte quälend laut das erschrockene, angstvolle „Tscheck-tscheck!“ der beraubten Vögel … Er sah den geschäftigen, heimlichen Lauf zum See auf den kleinen Landungssteg …
Er selbst lief mit, hilfloser, träumender Schemen, lief mit, stand daneben …
Und dann wurde das Nest geschüttelt, sie fielen eines um das andere, vielleicht jammerten sie noch, aber bestimmt jammerten die Eltern in der Luft … Es gab genug Menschen in Haus und Hof, aber in dieser Viertelstunde war keiner in der Nähe, das Unheil zu verhindern …
Es war kein Unheil, sechs wertlose Vögel … Herr Rogge erinnerte sich aus Büchern: Nester ausnehmen war ein beliebter Spaß. Es war pure Sentimentalität von ihm, jawohl!
Der Junge Thomas brüllte seine Leier weg, weil er eben damit angefangen hatte, und als vorsorgliche Schutzmaßnahme gegen etwaige Übergriffe des Vaters … Aber in seinem Herzen hatte dies nun, was die Eltern bisher sorglich verhindert hatten, Einzug gehalten: die Vergewaltigung des Hilflosen, die dumme, lebensfeindliche, zerstörerische Lehre von der brutalen Macht des Stärkeren …
„Ich bin's nicht gewesen!“ jammerte der Fünfjährige.
Herr Rogge sah auf. Der andere Junge, der große, zwölf- oder vierzehnjährige (er kam in diesem Augenblick Herrn Rogge unendlich alt, völlig verantwortlich und ganz verderbt vor), stand dabei und grinste.
„Hast du sie reingeworfen?“ fragte Herr Rogge.

„Joa!“ sagte der Walter Rehberg.
„Aber warum?! Warum in aller Welt?!“ drängte Herr Rogge in einem Anfall seiner ersten Erregung.
„Einfach so“, sagte der Junge dickfällig. „Olle Dreckvögel.“
Herr Rogge atmete tief ein. Er faßte seinen kleinen, geliebten Jungen bei der Hand, und – „Mörder!“ schleuderte er dem andern ins Gesicht. Er machte ein paar Schritte mit seinem Thomas und drehte sich wieder um: „Komm du mir noch einmal auf den Hof! Spiele du noch einmal mit meinem Jungen! Deinem Vater werde ich es sagen, deinem Lehrer! Solche Prügel müßtest du haben! Marsch, fort! Aus den Augen!“
Herr Rogge schwieg erschöpft. Verlegen grinsend, gänzlich verständnislos setzte sich der junge Rehberg in Trab und verschwand um die Stallecke. –
Hand in Hand gingen Vater und Sohn in den Garten zurück. Das Schluchzen in der kleinen Brust hatte sich beruhigt wie der Zorn in der breiten. Nur ein Gefühl wehmutsvoller Trauer war dem Vater verblieben, und von ihm suchte er dem Sohn ein wenig zu vermitteln, indem er dem Knaben die beraubte Stelle im Bäumchen zeigte. Indem er ihm begreiflich zu machen suchte die Lücke im eigenen Leben, kein froher Anlaß mehr, allmorgendlich ins Grüne zu spähen, Zu- und Abflug der fütternden Eltern zu beobachten ...
„Och, Vati, sie wären ja doch gleich weggeflogen!“
Etwas unwirsch nahm Herr Rogge seinen Thomas wieder bei der Hand und ging mit ihm hinunter zum See. Ausgerodet mußte werden, ehe sie noch recht anwuchs, die Saat des Unheils. Und auf dem Steg stehend, über die Wasserfläche spähend, suchte er dem Sohne recht klarzumachen, wie jammervoll das Schicksal der armen kleinen Ertrunkenen sei, wie sie nie würden fliegen können, nie Unkrautsamen sammeln in Feld und Garten, nie ihr frohes, kleines Lied singen ...
Es gelang ihm gut, was er wollte.
In ein recht kummervolles, herzabstoßendes Weinen brachte er sein Kind, in ein Weinen, das nicht aufhören wollte und das immer wieder von dem Ruf unterbrochen wurde: „Mach sie wieder da, Vati! Ich will meine Grünfinken wiederhaben ...“

Es ist eine schwierige Sache mit der Erziehung der Kinder zu rechten Menschen. Nicht tragbar wäre es dem Herrn Rogge erschienen, daß sein Sohn über diesen kleinen Weltuntergang, ohne ihn überhaupt zu merken, hinweggeglitten wäre. Als er dann aber abends im Bett lag, neben dem Bett seiner Frau Dete, und sie lasen noch ein bißchen und plötzlich weinte das Kind nebenan auf aus tiefstem Schlaf und sie liefen hinzu und konnten ihn erst gar nicht ruhig kriegen und „So ein schlechter Traum! Böser, böser Vogel!" – ja, da war es nun auch wieder nicht ganz richtig geworden.

Und als nun Frau Dete ganz sachte fragte: „Hast du es nicht wieder einmal ein bißchen übertrieben, Zips?", da konnte Herr Rogge nur reumütig antworten: „Vielleicht. Ja, beinahe sicher. Aber was soll man denn nun eigentlich tun? Man kann doch auch nicht alles laufen lassen, wie es läuft?"

„Der Thomas jedenfalls hätte die Pieper nie ins Wasser geworfen", sagte Frau Dete überzeugt. „Und von einem Fünfjährigen darfst du auch noch nicht deine Altersweisheit verlangen, mein lieber Fünfunddreißigjähriger du!"

„Ja, ich bin und bleibe ein Schaf", sagte Zips reumütig. „Und ich möchte gerne nur einmal im Leben kapieren, wie die andern so was machen und wie die andern mit so was zurechtkommen."

„Das ist ein wunderschönes Problem zum Nachgrübeln beim Einschlafen für dich", sagte lachend Frau Dete. „Denn nun machen wir das Licht aus. Wenn mich nicht alles täuscht, gibt es morgen einen recht stürmischen Tag bei unserm Tom, mit aller nur erdenklichen Meckerei und Streitsucht. Und daß wir über den recht ausgeschlafen und ausgeruht fortkommen, ist immerhin wünschenswert."

Und damit ging das Licht wirklich aus bei den Rogge-Eltern, sie schliefen ein, denn es ist nicht anzunehmen, daß Herr Rogge noch besonders lang und besonders eindringlich über die Frage nachdachte, wie denn eigentlich die andern zurechtkamen.

Aus der Nacht kam der Tag, und es kamen viele Tage; aus dem Frühsommer wurde Sommer und Herbst. Thomas spielte und tollte sich durch das Jahr und war abends so müde, daß kaum je noch ein „schlechter" Traum seinen

Kinderschlaf störte. Ob er je der Grünfinken gedachte, das war nicht festzustellen, denn er sprach nie wieder ein Wort von ihnen. Die andern aber erinnerten ihn auch nicht daran, solche Weisung war sofort am nächsten Morgen ergangen. Der einzige, über den Rogges keine Gewalt besaßen, der „infame Bengel", der Walter Rehberg, war nicht mehr als Spielgefährte ihres Sohnes feststellbar – vielleicht war ihm der etwas sehr lächerliche Ruf „Mörder" doch in Knochen und Gewissen gefahren. –

Die Birnen wurden reif, und die Pflaumen wurden reif, sie nahmen die Äpfel von den Bäumen, und dann hackten sie die Kartoffeln aus der Erde. Statt Sonnenschein gab es nun Wolken und Regen, und der Wind pfiff viele Tage um das Haus. Das Jahr neigte sich seinem Ende zu.

Nicht zu allen Zeiten mehr konnte der Thomas im Garten spielen, manche Stunde saß er bei seinen Sachen im Kinderzimmer. Wenn ihm das aber langweilig wurde, stieg er auf den dämmrigen Hausboden hinauf, und da fand er zwischen altem, eng gestapeltem Hausgerät, Koffern voll seltsam riechender Kleider, Flaschen, Vasen, Schachteln und Kisten, dem Tannenbaumschmuck des vorigen Jahres kein Ende des Entdeckens, Bauens, Spielens. Ganze Entdeckungsreisen konnte er machen, über die sorgsam geschaufelten, glattgerechten Futterhaufen des Herrn Schulz fort bis in die fernsten dunkelsten Winkel, wo ein altes Steuerruder stand und wundervoll bunte Bilder, mit dem Gesicht zur Wand, und Koffer, vollgeklebt mit vielfarbigen Zetteln.

Dort, in einem solchen Winkel war es, daß er einen kleinen Karton fand mit seltsam haarigen Halbschalen an langen Drähten, Dingen, deren Verwendung man sich mit keinem Gedanken ausdenken konnte und die doch eine vage Erinnerung an Eis, Kälte, Gezwitscher aus seinem vergangenen Leben wachriefen. Dieses schemenhafte Erinnern machte es vielleicht, daß er, den Karton mit beiden Armen vor der Brust haltend, seinen Rückmarsch antrat. Mit Roggen füllte er seine Schuhe, und mit Erdnußkuchenschrot puderte er sie, aber er kam bis zur Treppe, die hinabführte in die wärmeren, helleren Bezirke der Einwohner.

Die Bodentreppe war steil, ein Fünfjähriger mußte immerhin mindestens an einer Seite das Geländer anfassen. Damit aber war der Karton nicht mehr tragbar – und in diesem

Zwiespalt nahm Thomas ihn und warf ihn von sich voraus die Treppe hinunter.
Was man so die Ungezogenheiten der Kinder nennt, ist oft nur ihr Mangel an Erfahrung. Hätte Thomas das Gescheppper und Geklapper der holzigen, haarigen Halbschalen auf den Treppenstufen vorausgesehen, sicher hätte er eine andere Beförderungsart gewählt. So aber stand er verblüfft noch oben, als unten auf der einen Seite der Vater aus seinem Arbeitszimmer, auf der andern die Mutter aus der Küche gestürzt kamen. Meinten sie doch, ein Kind Tom liege auf dem Flur, in viele Stücke zerbrochen. Es waren aber nur ...
„Sieh da, die Kokosschalen!" sagte Frau Dete, etwas spitz. „Zips, hast du mir nicht vorigen Winter gesagt, sie seien verschwunden?!"
„Und das waren sie auch!" antwortete Herr Rogge. „Den ganzen Boden habe ich nach ihnen umgedreht. Weiß der Henker, woher sie jetzt gekrochen kommen!"
„Man muß euch Männer nur einmal forträumen und dann wieder holen lassen", murmelte die Frau, aber doch immerhin so leise, daß Herr Rogge es mit Anstand und ohne Feigheit überhören konnte.
„Thomas, mein Sohn!" rief er. „Du hast helle Buxen an, es hat keinen Zweck, daß du dich da oben ins Dunkle zurückziehst, man sieht dich doch. Steige herab, du gewaltig lärmendes Kind, und erzähle uns, woher du diese Kokosschalen gezaubert hast."
Herrn Rogge verführte sein beweglicher Geist oft, so bilderreich zu reden, und diese bilderreiche Sprache verführte wieder den Sohn, keine vernünftige Auskunft zu geben, sondern „Kratsch" zu machen. Auf das Wort vom Zaubern hin verzerrte Thomas die Züge zu etwas, was er für das furchterregende Gesicht einer Hexe hielt, mit „Hu-Hu!" sauste er die Treppe hinab, grade seiner Mutter in die Röcke, und kniff sie so, daß sie wirklich aufschrie.
Es dauerte eine ganze Weile, bis der Trubel aus Schelten, Huhen, Festhalten sich auflöste und der eine Teil erfuhr, daß die Kokosschalen in der Ecke beim Steuerruder gestanden hätten – Dete: „Aha, dacht ich's mir doch!", und Zips: „Nun sage mir um alles in der Welt, was du dir gedacht hast! Gar nichts, bitte schön!" –, und bis der andere Teil er-

fuhr, daß diese Kokosschalen vor zwei Wintern zum Vogelfüttern gedient hätten.
„Und was haben die Vögel letzten Winter gefressen? – Gibst du den Vögeln nicht jeden Winter zu fressen, Vati? – Wann ist jetzt Winter? Gleich oder bald? – Mutti, was tust du in die Schalen? – Vati, was ist Palmin? – Vati, willst du mir bitte mal ganz genau sagen, wie Palmin gemacht wird?“
Und so weiter und so weiter. Bis das Elternpaar floh, jedes in sein Reich zurück, und Thomas allein blieb mit den wiedergefundenen, einst heiß umstrittenen Futterschalen, um die sich doch nun wieder kein „Großes“ kümmerte.
Aber in Verlust gerieten sie diesen Herbst doch nicht wieder. Eine Weile lagen sie ziemlich nutzlos im Kinderzimmer umher, und während dieser Weile elendete Thomas seinen Vater recht mit der Frage: „Vati, wann füttern wir die Vögel? Vati, ist noch nicht Winter?“ – Aber dann fand Thomas eine Verwendung für sie, er machte sie zu Vorratsgefäßen seines Kaufladens und füllte die eine mit Erbsen, die zweite mit Bohnen, die dritte mit Bonbons – und ein Grauen war es, fand Frau Dete, wieviel gute, teure Kolonialwaren in eine solche halbe Kokosnuß hineingingen. –
Die letzten Blätter waren von den Bäumen gefegt, der Garten hatte vor Nässe getrieft, alle Wege quatschten, und alle kleinen Jungenschuhe waren immer feucht vom Waten durch alle Pfützen. Dann drehte der Wind von West über Nord nach Ost, in den Nächten – und sie kamen jetzt so früh – war der Himmel ganz hoch, pechschwarz, strahlend, funkelnd mit tausend Sternen.
Eines Morgens war es so hell im Zimmer des kleinen Tom beim Anziehen, und als die Mutter lächelnd die Gardinen zurückzog, war das Land weiß, weiß. Weiß!
„Schnee!“ jubelte Thomas. „Mein Schlitten!“ schrie Thomas.
„Heute füttern wir die Vögel zum erstenmal“, sagte Frau Dete, aber noch ging das unter in der ersten Seligkeit über den reinen, kühlen Himmelsgruß. Jauchzend wälzte sich Tom im Schnee, kugelte Abhänge hinab, stapfte in die tiefsten Wehen – wurde hereingeholt, unter brüllendem Protest, klamm wie ein Scheit Holz im Walde und naß wie ein Schweinsrüssel. – Wurde trocken angezogen – und die

Mutter sah nur einen Augenblick nach dem Essen, schon war er wieder draußen, jauchzend, jubelnd – „Rein verdreht ist der Bengel heute!"
Erst nach dem Kakaotrinken am Nachmittag – es dämmerte schon wieder – fand Thomas Zeit und Lust, der Küche einen längeren Besuch abzustatten. Seltsames, unbegreifliches Tun der Frauen! Haustochter Isi hatte einen Haufen alter Speckschwarten vor sich, piekte in jede ein Loch und zog säuberlich einen Bindfaden hindurch, an den sie sorgsam eine Schlinge machte. Haustochter Käti stand am Herd und briet etwas, und die Mutti hatte alle Kokosschalen vor sich stehen und füllte sie aus einer Tüte und der Bratpfanne Kätis.
Eigentlich wollte Thomas zuerst einmal gründlich meckern wegen der unberechtigten Benutzung „seiner" Kokosnüsse, aber dann war es doch zu interessant, wie die Mutti einen weichen Brei aus Hanfsamen, Sonnenblumenkernen, Raps, Rübsen und Palmin einfüllte, wie die durchsichtige, helle Masse sich langsam mit einer weißlichen Haut überzog und dann grau und fest wurde.
„Morgen hängen wir sie dann den Vögeln hin."
„Morgen –? Heute, Mutti!"
„Heute ist es schon zu dunkel, Thomas. Heute schlafen die Pieper schon."
„Und was haben die Pieper *heute* gefressen?"
Es hatte noch mehr geschneit über Nacht, durch noch höheren Schnee als am vorigen Tage gingen sie von Baum zu Baum, und hier hängten sie eine Speckschwarte auf und dort eine Kokosschale. Der Garten war so still und leer, das Land vom Frost so weit und hell.
„Wo sind denn all die Pieper, Vati?" fragte Thomas. „Es gibt ja gar keine Pieper mehr."
Trotzdem hängten sie weiter auf: „Du wirst schon sehen, Thomas!" Und die alte Linde vor Toms Fenster bekam zur dicksten Schwarte zwei Schalen! Da stand nun der kleine Thomas, und manchmal lief er auch durch den Garten, aber es war alles nur solch Erwachsenen-Unsinn. „Es gibt ja gar keine Vögel mehr, nur noch die Raben."
Es war langweilig – und mit dem Schlitten die Wiese zum See hinabzugleiten war tausendmal besser. –
Aus dem Bett, wie sie waren, sprangen Herr und Frau

Rogge von einem Schrei. Im Schlafanzug stand der kleine Thomas an seinem Fenster, drückte sich an der Scheibe die Nase breit und jubelte atemlos: „Die Grünfinken ... Die Finken! Mutti, Vati – unsere Finken sind wieder da!"
Er sah die Eltern an mit glänzenden Augen, mit Augen voll tiefen, geheimnisvollen Lichts seligster Freude, und dann sah er wieder zu seiner Futterstelle hin. Und wirklich hingen da schaukelnd zwei Grünfinken an den Schälchen, pickten, fraßen ...
„Unsere Grünfinkenmutti! Unser Finkenvati –!"
Glück! Glanz aus dem Paradiese. Seligkeit, wie sie später nie wieder kommt.
Noch mehr Seligkeit –?
Es flattert, es huscht um die Stallecke. Mehr Finken, atemlos zählt Thomas: „Eins, zwei, vier, drei, sechs – oh, Vati, die ertrunkenen Pieper sind wieder da! Sechs Stück! Oh, Vati, Mutti, sie sind gar nicht ertrunken, sie sind wieder gut mit mir – unsere Grünfinken!"
Frau Dete hätte gar nicht mahnend die Schulter ihres Zips zu berühren brauchen – was hieß hier Pädagogik! Was hieß hier Lügen?!
„Richtig", sagte Herr Rogge und räusperte sich. „Unsere Finken sind wieder da – und grade zu dir sind sie gekommen, Tom."
„Unsere versoffenen Finken ...", sprach das Kind und atmete selig tief, als sei eine Last von seinem Herzen.

„Tüchtig neblig heute“, sagte am 20. Dezember der Bauer Gierke ziellos über den Frühstückstisch hin. Es war eigentlich eine ziemlich sinnlose Bemerkung, jeder wußte auch so, daß Nebel war, denn der Leuchtturm von Arkona heulte schon die ganze Nacht mit seinem Nebelhorn wie ein Gespenst, das das Ängsten kriegt.

Wenn der Vater die Bemerkung trotzdem machte, so konnte sie nur eines bedeuten. „Neblig –?“ fragte gedehnt sein dreizehnjähriger Sohn Friedrich.

„Verlauf dich bloß nicht auf deinem Schulwege“, sagte Gierke und lachte.

Und nun wußte Friedrich genug, und auf seinem Zimmer steckte er schnell die Schulbücher aus dem Ranzen in die Kommode, lief in den Stellmacherschuppen und „borgte“ sich eine kleine Axt und eine Handsäge. Dabei überlegte er: Den Franz von Gäbels nehm ich nicht mit, der kriegt Angst vor dem Rotvoß. Aber Schöns Alwert und Frieda Benthin. Also los!

Wenn es für die Menschen Weihnachten gibt, so muß es das Fest auch für die Tiere geben. Wenn für uns ein Baum brennt, warum nicht für Pferde und Kühe, die doch das ganze Jahr unsere Gefährten sind? In Baumgarten jedenfalls feiern die Kinder vor dem Weihnachtsfest Lüttenweihnachten für die Tiere, und daß es ein verbotenes Fest ist, von dem der Lehrer Beckmann nichts wissen darf, erhöht seinen Reiz. Nun hat der Lehrer Beckmann nicht nur körperlich einen Buckel, sondern er kann auch sehr bösartig werden, wenn seine Schüler etwas tun, was sie nicht sollen. Darum ist Vaters Wink mit dem nebligen Tag eine Sicherheit, daß das Schulschwänzen heute jedenfalls von ihm nicht allzu tragisch genommen wird.

Schule aber muß geschwänzt werden, denn wo bekommt man einen Weihnachtsbaum her? Den muß man aus dem Staatsforst an der See oben stehlen, das gehört zu Lüttenweihnachten. Und weil man beim Stehlen erwischt werden kann und weil der Förster Rotvoß ein schlimmer Mann ist, darum muß der Tag neblig sein, sonst ist es zu gefährlich. Wie Rotvoß wirklich heißt, das wissen die Kinder nicht,

aber er ist der Förster und hat einen fuchsroten Vollbart, darum heißt er Rotvoß.
Von ihm reden sie, als sie alle drei etwas aufgeregt über die Feldraine der See entgegen laufen. Schöns Alwert weiß von einem Knecht, den hat Rotvoß an einen Baum gebunden und so lange mit der gestohlenen Fichte geschlagen, bis keine Nadeln mehr daran saßen. Und Frieda weiß bestimmt, daß er zwei Mädchen einen ganzen Tag lang im Holzschauer eingesperrt hat, erst als Heiligenabend vorbei war, ließ er sie wieder laufen. – Sicher ist, sie gehen zu einem großen Abenteuer, und daß der Nebel so dick ist, daß man keine drei Meter weit sehen kann, macht alles noch viel geheimnisvoller. Zuerst ist es ja sehr einfach: Die Raine auf der Baumgartener Feldmark kennen sie – das ist Rothspracks Winterweizen, und dies ist die Lehmkuhle, aus der Müller Timm sein Vieh sommers tränkt.
Aber sie laufen weiter, immer weiter, sieben Kilometer sind es gut bis an die See, und nun fragt es sich, ob sie sich auch nicht verlaufen im Nebel. Da ist nun dieser Leuchtturm von Arkona, er heult mit seiner Sirene, daß es ein Grausen ist, aber es ist so seltsam, genau kriegt man nicht weg, von wo er heult. Manchmal bleiben sie stehen und lauschen. Sie beraten lange, und wie sie weitergehen, fassen sie sich an den Händen, die Frieda in der Mitte. Das Land ist so seltsam still, wenn sie dicht an einer Weide vorbeikommen, verliert sie sich nach oben ganz in Rauch. Es tropft sachte von ihren Ästen, tausend Tropfen sitzen überall, nein, die See kann man noch nicht hören. Vielleicht ist sie ganz glatt, man weiß es nicht, heute ist Windstille.
Plötzlich bellt ein Hund in der Nähe, sie stehen still, und als sie dann zehn Schritte weitergehen, stoßen sie an eine Scheunenwand. Wo sie hingeraten sind, machen sie aus, als sie um die Ecke spähen. Das ist Nagels Hof, sie erkennen ihn an den bunten Glaskugeln im Garten.
Sie sind zu weit rechts, sie laufen direkt auf den Leuchtturm zu, und dahin dürfen sie nicht, da ist kein Wald, da ist nur die steile, kahle Kreideküste. Sie stehen noch eine Weile vor dem Haus, auf dem Hof klappert einer mit Eimern, und ein Knecht pfeift im Stall: Es ist so heimlich! Kein Mensch kann sie sehen, das große Haus vor ihnen ist ja nur wie ein Schattenriß.

Sie laufen weiter, immer nach links, denn nun müssen sie auch vermeiden, zum alten Schulhaus zu kommen – das wäre so schlimm! Das alte Schulhaus ist gar kein Schulhaus mehr, was soll hier in der Gegend ein Schulhaus, wo keine Menschen leben – nur die paar weit verstreuten Höfe ... Das Schulhaus besteht nur aus runtergebrannten Grundmauern, längst verwachsen, verfallen, aber im Sommer blüht hier herrlicher Flieder. Nur, daß ihn keiner pflückt. Denn dies ist ein böser Platz, der letzte Schullehrer hat das Haus abgebrannt und sich aufgehängt. Friedrich Gierke will es nicht wahrhaben, sein Vater hat gesagt, das ist Quatsch, ein Altenteilhaus ist es mal gewesen. Und es ist gar nicht abgebrannt, sondern es hat leergestanden, bis es verfiel. Darüber geraten die Kinder in großen Streit.

Ja, und das nächste, dem sie nun begegnen, ist gerade dies alte Haus. Mitten in ihrer Streiterei laufen sie gerade darauf zu! Ein Wunder ist es in diesem Nebel. Die Jungen können's nicht lassen, drinnen ein bißchen zu stöbern, sie suchen etwas Verbranntes. Frieda steht abseits auf dem Feldrain und lockt mit ihrer hellen Stimme. Ganz nah, wie schräg über ihnen, heult der Turm, es ist so schlimm anzuhören. Es setzt so langsam ein und schwillt und schwillt, und man denkt, der Ton kann gar nicht mehr voller werden, aber er nimmt immer mehr zu, bis das Herz sich ängstigt und der Atem nicht mehr will: „Man darf nicht so hinhören ..."

Jetzt sind es höchstens noch zwanzig Minuten bis zum Wald. Alwert weiß sogar, was sie hier finden: erst einen Streifen hoher Kiefern, dann Fichten, große und kleine, eine ganze Wildnis, gerade, was sie brauchen, und dann kommen die Dünen und dann die See. Ja, nun beraten sie, während sie über einen Sturzacker wandern: erst der Baum oder erst die See? Klüger ist es, erst an die See, denn wenn sie mit dem Baum länger umherlaufen, kann sie Rotvoß doch erwischen, trotz des Nebels. Sind sie ohne Baum, kann er ihnen nichts sagen, obwohl er zu fragen fertigbringt, was Friedrich in seinem Ranzen hat. Also erst See, dann Baum.

Plötzlich sind sie im Wald. Erst dachten sie, es sei nur ein Grasstreifen hinter dem Sturzacker, und dann waren sie

schon zwischen den Bäumen, und die standen enger und enger. Richtung? Ja, nun hört man *doch* das Meer, es donnert nicht gerade, aber gestern ist Wind gewesen, es wird eine starke Dünung sein, auf die sie zulaufen.
Und nun seht, das ist nun doch der richtige Baum, den sie brauchen, eine Fichte, eben gewachsen, unten breit, ein Ast wie der andere, jedes Ende gesund – und oben so schlank, eine Spitze so hell, in diesem Jahre getrieben. Kein Gedanke, diesen Baum stehenzulassen, so einen finden sie nie wieder. Ach, sie sägen ihn ruchlos ab, sie bekommen ein schönes Lüttenweihnachten, das herrlichste im Dorf, und Posten stellen sie auch nicht aus. Warum soll Rotvoß grade hierher kommen? Der Waldstreifen ist über zwanzig Kilometer lang. Sie binden die Äste schön an den Stamm, und dann essen sie ihr Brot, und dann laden sie den Baum auf, und dann laufen sie weiter zum Meer.
Zum Meer muß man doch, wenn man ein Küstenmensch ist, selbst mit solchem Baum. Anderes Meer haben sie näher am Hof, aber das sind nur Bodden und Wieks. Dies hier ist richtiges Außenmeer, hier kommen die Wellen von weit her, von Finnland oder von Schweden oder auch von Dänemark. Richtige Wellen …
Also, sie laufen aus dem Wald über die Dünen.
Und nun stehen sie still.
Nein, das ist nicht mehr die Brandung allein, das ist ein seltsamer Laut, ein wehklagendes Schreien, ein endloses Flehen, tausendstimmig. Was ist es? Sie stehen und lauschen.
„Jung, Manning, das sind Gespenster!“
„Das sind die Ertrunkenen, die man nicht begraben hat.“
„Kommt, schnell nach Haus!“
Und darüber heult die Nebelsirene.
Seht, es sind kleine Menschentiere, Bauernkinder, voll von Spuk und Aberglauben, zu Haus wird noch besprochen, da wird gehext und blau gefärbt. Aber sie sind kleine Menschen, sie laden ihren Baum wieder auf und waten doch durch den Dünensand dem klagenden Geschrei entgegen, bis sie auf der letzten Höhe stehen, und –
Und was sie sehen, ist ein Stück Strand, ein Stück Meer. Hier über dem Wasser weht es ein wenig, der Nebel zieht in Fetzen, schließt sich, öffnet den Ausblick. Und sie sehen

die Wellen, grüngrau, wie sie umstürzen, weiß schäumend draußen auf der äußersten Sandbank, näher tobend, brausend. Und sie sehen den Strand, mit Blöcken besät, und dazwischen lebt es, dazwischen schreit es, dazwischen watschelt es in Scharen ...

„Die Wildgänse!" sagen die Kinder. „Die Wildgänse –!"

Sie haben nur davon gehört, sie haben es noch nie gesehen, aber nun sehen sie es. Das sind die Gänsescharen, die zum offenen Wasser ziehen, die hier an der Küste Station machen, eine Nacht oder drei, um dann weiterzuziehen, nach Polen oder wer weiß wohin, Vater weiß es auch nicht. Da sind sie, die großen, wilden Vögel, und sie schreien, und das Meer ist da und der Wind und der Nebel, und der Leuchtturm von Arkona heult, und die Kinder stehen da mit ihrem gemausten Tannenbaum und starren und lauschen und trinken es in sich ein –

Und plötzlich sehen sie noch etwas, und magisch verführt, gehen sie dem Wunder näher. Abseits, zwischen den hohen Steinblöcken, da steht ein Baum, eine Fichte wie die ihre, nur viel, viel höher, und sie ist besteckt mit Lichtern, und die Lichter flackern im leichten Windzug ...

„Lüttenweihnachten", flüstern die Kinder. „Lüttenweihnachten für die Wildgänse ..."

Immer näher kommen sie, leise gehen sie, auf den Zehen – oh, dieses Wunder! –, und um den Felsblock biegen sie. Da ist der Baum vor ihnen in all seiner Pracht, und neben ihm steht ein Mann, die Büchse über der Schulter, ein roter Vollbart ...

„Ihr Schweinekerls!" sagt der Förster, als er die drei mit der Fichte sieht.

Und dann schweigt er. Und auch die Kinder sagen nichts. Sie stehen und starren. Es sind kleine Bauerngesichter, sommersprossig, selbst jetzt im Winter, mit derben Nasen und einem festen Kinn, es sind Augen, die was in sich reinsehen. Immerhin, denkt der Förster, haben sie mich auch erwischt beim Lüttenweihnachten. Und der Pastor sagt, es sind Heidentücken. Aber was soll man denn machen, wenn die Gänse so schreien und der Nebel so dick ist, und die Welt so eng und so weit und Weihnachten vor der Tür ... Was soll man da machen ...

Man soll einen Vertrag machen auf ewiges Stillschweigen,

und die Kinder wissen ja nun, daß der gefürchtete Rotvoß nicht so schlimm ist, wie sich die Leute erzählen …
Ja, da stehen sie nun: ein Mann, zwei Jungen, ein Mädel. Die Kerzen flackern am Baum, und ab und zu geht auch eine aus. Die Gänse schreien, und das Meer braust und rauscht. Die Sirene heult. Da stehen sie, es ist eine Art Versöhnungsfest, sogar auf die Tiere erstreckt, es ist Lüttenweihnachten. Man kann es feiern, wo man will, am Strande auch, und die Kinder werden es nachher in ihres Vaters Stall noch einmal feiern.
Und schließlich kann man hingehen und danach handeln. Die Kinder sind imstande und bringen es fertig, die Tiere nicht unnötig zu quälen und ein bißchen nett zu ihnen zu sein. Zuzutrauen ist ihnen das.
Das Ganze aber heißt Lüttenweihnachten und ist ein verbotenes Fest, der Lehrer Beckmann wird es ihnen morgen schon zeigen!

Geschichten aus der Murkelei
1938

Lieber Uli und liebe kleine Mücke,

zuerst habe ich euch diese Geschichten mündlich erzählt, damit das Essen besser rutschte und nicht so langweilig war.
Aber die Geschichten wurden bei jedem Erzählen anders, und das gefiel euch nicht – da mußte ich sie aufschreiben.
Die aufgeschriebenen Geschichten konnte euch nur einer vorlesen, nämlich ich, weil keiner sonst die Schrift lesen konnte. Da mußte ich euch die Geschichten auf der Maschine tippen.
Das Getippte konntest du, großer Uli, nun schon allein lesen, aber da ging die kleine Mücke leer aus. Und Getipptes in einem Schnellhefter liest sich auch nicht so gut wie ein richtiges Buch.
Da sagtest du, Uli: „Der Onkel Rowohlt druckt ja so viele Bücher von dir, Papa, da kann er uns doch auch die Geschichten drucken!" So reisten die Geschichten zum Onkel Rowohlt. Der gab sie erst seinen Kindern zum Lesen und auch großen Leuten, damit er bestimmt wußte, es waren nette Geschichten. Dann sagte er: „Ja, ich will sie drukken!"
Da sagtet ihr Kinder: „Aber es müssen auch Bilder dabei sein, große, bunte Bilder, zu jeder Geschichte eines. Sonst ist es kein richtiges Kinderbuch!"
Nun ging Onkel Rowohlt suchen, und schließlich fand er die Melitta Patz. Die malte die Bilder, genau, wie ihr sie euch dachtet: groß, bunt, zu jeder Geschichte eines.
Da war alles beisammen, und das Buch wurde gemacht!
Und wenn ihr jetzt nicht eßt wie der dicke Onkel Willi, dann kommt gleich Onkel Rowohlt aus Berlin und holt sich sein Buch wieder!
Da habt ihr's –!

Geschichte von der kleinen Geschichte

Es war einmal ein Kind, das war nicht artig und wollte sein Essen nicht essen. Da stellte es die Mutter zur Strafe vor die Tür und fing an, drinnen den artigen Kindern eine kleine Geschichte zu erzählen.

Als das unartige Kind merkte, drinnen erzählte die Mutter, brüllte es ein wenig leiser, denn es wollte horchen und hätte gerne zugehört. Da rief die Mutter: „Willst du jetzt artig sein und gut essen, Kind, so darfst du bei meiner kleinen Geschichte zuhören."

Doch der Bock stieß das Kind noch, und als es die Mutter rufen hörte, fing es gleich wieder an, lauter zu brüllen, so gerne es auch die kleine Geschichte gehört hätte. Da fuhr eine Maus aus ihrem Loch und fragte: „Was machst du denn für ein Geschrei, Kind? Meine jungen Mäuslein verschlucken sich ja vor Schreck beim Speckessen."

Das Kind antwortete und sprach: „Meine Mutter hat mich vor die Tür gestellt und will mich ihre kleine Geschichte nicht hören lassen. Darum, wenn du willst, daß deine Kinder in Ruhe Speck essen, schlüpfe durch einen Mäusegang ins Eßzimmer und berichte mir, was für eine kleine Geschichte meine Geschwister hören."

Die Maus tat, wie das Kind gesagt hatte, fuhr durch einen Mäusegang ins Eßzimmer und horchte. Die Mutter aber, die hörte, daß das Kind still geworden war, rief durch die Tür: „Willst du jetzt artig sein und essen, Kind?"

Das Kind dachte bei sich: Gleich kommt die Maus und erzählt mir die kleine Geschichte, da brauche ich auch nicht artig zu sein, und fing wieder an, lauter zu brüllen. Als das Kind eine Weile gebrüllt hatte und die Maus noch immer nicht kam, dachte es: Es ist doch sonderbar, daß die Maus so lange ausbleibt, das muß ja eine ganz herrliche Geschichte sein, daß sie das Wiederkommen ganz vergißt. Ich will einmal die Fliege schicken, daß sie nach der Maus sieht.

Das Kind rief also die Fliege an und sagte: „Liebes Fräulein Krabbelbein, ich habe die Maus ins Eßzimmer geschickt, daß sie auf die kleine Geschichte hört, die meine Mutter meinen Geschwistern erzählt. Aber die Maus kommt nicht wieder – willst du da nicht so freundlich sein und durchs Schlüsselloch kriechen und einmal nach dem Rechten sehen? Ich gebe dir auch morgen früh meinen Zucker, den ich zum Kakao bekomme."

Die Fliege war einverstanden, kroch durchs Schlüsselloch und verschwand. Die Mutter aber, die hörte, das Kind brüllte nicht mehr, rief durch die Tür: „Willst du jetzt artig sein und essen, Kind?"

Das Kind dachte: Gleich kommen Maus und Fliege zurück und erzählen mir die kleine Geschichte, da brauche ich nicht artig zu sein! Und es schrie: „Nein, nein, ich will nicht essen!" und brüllte noch lauter.

Als es aber eine Weile gebrüllt hatte, wunderte es sich, daß weder Maus noch Fliege wiederkamen, und dachte bei sich: Was muß das doch für eine wunderbare Geschichte sein! Mäuslein vergißt ihre Kinder, Krabbelbein denkt nicht an den Zucker – nein, jetzt mache ich nur noch einen Versuch, und wenn ich dann nichts erfahre, will ich gewiß artig sein und essen, damit ich nur die kleine Geschichte höre.

Es rief also eine Ameise an, die grade auf der Diele kroch, und sagte: „Fräulein Schmachtleib, Sie sind so dünn, sicher können Sie unter der Tür durchkriechen. Tun Sie das doch und sehen Sie im Eßzimmer nach, was eigentlich Maus und Fliege machen, die ich geschickt habe, die kleine Geschichte zu hören, die meine Mutter meinen Geschwistern erzählt. Kommen Sie aber bloß schnell wieder. Ich halte es vor lauter Neugierde schon nicht mehr aus."

Die Ameise sprach: „Den Gefallen will ich dir wohl tun", kroch unter der Tür durch und verschwand. Die Mutter aber, die hörte, das Kind brüllte nicht mehr, rief durch die Tür: „Komm bloß schnell, Kind, sei artig und iß. Es gibt jetzt etwas ganz Feines!"

Das Kind aber dachte: Die Ameise wird mir jetzt Maus und Fliege schicken, da werde ich die kleine Geschichte schon zu hören bekommen. Und es schrie: „Ich will gar nichts essen – auch nichts Feines!", trampelte mit den Füßen und brüllte noch lauter als vorher.

Als es aber eine Weile laut gebrüllt hatte, brüllte es leiser. Einmal, weil ihm der Hals weh tat, dann aber, weil es dachte: Es muß eine zu schöne Geschichte sein. Die drei, Maus, Fliege und Ameise, hören zu und vergessen mich

ganz. Ich will jetzt doch artig sein und essen. Und das Kind hörte ganz auf zu brüllen.
Die Mutter aber, die das Kind dreimal umsonst gefragt hatte, war jetzt böse auf das Kind und fragte es nicht mehr.
Da dachte das Kind: Meine Mutter ist böse auf mich. Ich will ein bißchen an der Tür kratzen. Dann fragt sie mich, ob ich wieder artig sein will, ich aber sage ja und darf hinein.
Und das Kind kratzte an der Tür.
Die Mutter hörte es wohl, aber sie wollte das ungezogene Kind nicht mehr fragen, und so schwieg sie. Nun fing das Kind an zu rufen: „Ich will artig sein! Laß mich herein!"
Da fuhr die Maus aus dem Mäusegang und rief atemlos: „Gott, was war das für eine herrliche Geschichte! Entschuldige bloß, daß ich nicht kam, aber ich konnte nicht früher kommen, als bis ich das allerletzte Wort gehört hatte."
Die Fliege schwirrte durch das Schlüsselloch und summte: „So eine vorzügliche Geschichte hört man wirklich nicht alle Tage. Da war es kein Wunder, daß die Kinder gegessen haben wie die Scheunendrescher – auch nicht ein Löffel voll blieb in der Schüssel!"
Und die Ameise kroch unter der Tür hervor und ächzte: „So eine großartige Geschichte und dazu noch Schokoladenpudding und Vanillensoße – so gut möchte ich es auch einmal haben!"
„Was?!" rief da das unartige Kind. „Es hat Schokoladenpudding mit Vanillensoße gegeben?! Da will ich auch was abhaben!" Und es riß die Tür auf und schrie: „Ich will auch Pudding mit Vanillensoße! Ich will ganz artig sein! Und die kleine Geschichte will ich auch hören!"
Da fingen alle Kinder mit der Mutter an zu lachen und zeigten dem unartigen Kind die Puddingschüssel – da war auch nicht ein Krümchen mehr darauf. Und sie zeigten ihm die Teller, die waren so blank und leer, als wären sie mit der Zunge abgeleckt. Die Mutter aber sagte: „Warum hast du dich nicht zur rechten Zeit besonnen, Kind? Nun ist nichts mehr da."
Das Kind fing an zu weinen und sagte: „Wenn ich denn keinen Pudding mehr bekomme, so will ich doch die wunderbare, die herrliche, die großartige kleine Geschichte hören, die du meinen Geschwistern erzählt hast."
Die Mutter aber antwortete: „Jetzt ist später Abend. Jetzt

werden keine Geschichten mehr erzählt, jetzt wird ins Bett gegangen."
Da mußte das unartige Kind ohne Pudding und ohne kleine Geschichte ins Bett gehen, und darüber war es sehr traurig. Hätte es sich aber zur rechten Zeit besonnen, so hätte es Pudding und kleine Geschichte bekommen, und das wäre besser für das Kind gewesen und ebenso für uns, denn dann hätten wir die kleine Geschichte auch zu hören bekommen!

Geschichte vom Mäusecken Wackelohr

In einem großen Stadthaus wohnte einmal eine Maus ganz allein, die hieß Wackelohr. Als Kind war sie einst von der Katze überfallen und dabei war ihr das Ohr so zerrissen worden, daß sie es nicht mehr spitzen, sondern nur noch damit wackeln konnte. Darum hieß sie Wackelohr. Und dieselbe alte böse Katze hatte ihr auch alle Brüder und Schwestern und die Eltern gemordet, deshalb wohnte sie so allein in dem großen Stadthaus.

Da war es ihr oft einsam, und sie klagte, daß sie so gerne ein anderes Mäusecken zum Spielgefährten gehabt hätte, am liebsten einen hübschen Mäuserich. Aber von dem Klagen kam keiner, und Wackelohr blieb allein.

Als nun einmal alles im Hause schlief und die böse Katze auch, saß Wackelohr in der Speisekammer, nagte an einem Stück Speck und klagte dabei wieder jämmerlich über seine große Verlassenheit. Da hörte es eine hohe Stimme, die sprach: „Hihi! Was bist du doch für ein dummes, blindes Mäusecken! Du brauchst ja nur aus dem Fenster zu schauen und siehst den hübschesten Mäuserich von der Welt! Dabei geht es ihm auch noch wie dir: Er ist ebenso allein wie du und sehnt sich herzlich nach einem Mäusefräulein."

Wackelohr guckte hierhin, und Wackelohr guckte dorthin, Wackelohr sah auf den Speckteller und unter den Tellerrand – aber Wackelohr erblickte niemanden. Schließlich sah es zum Fenster hinaus. Drüben war nur ein anderes großes Stadthaus mit vielen Fenstern, die in der Abendsonne glitzerten, und kein Mäuserich war zu erblicken. Da war Wackelohr ungeduldig. „Wo bist denn du, die mit mir spricht? Und wo ist denn der schöne Mäusejunge, von dem du erzählst?"

„Hihi!" rief die hohe Stimme. „Bist du aber eine blinde Maus! Schau doch einmal hoch zur Decke, ich sitze ja grade über dir!"

Das Mäusecken sah hoch und, richtig!, grade über seinem Kopf saß eine große Ameise und funkelte es mit ihren Augen an. „Und wo ist der Mäuserich?" fragte das Mäusecken die große Ameise.

„Der sitzt dir grade gegenüber in der Dachrinne und läßt den Schwanz auf die Straße hängen", sagte die Ameise.
Wackelohr sah hinaus, und wirklich saß drüben in der Dachrinne ein schöner Mäusejunge mit einem kräftigen Schnurrbart, ließ den Schwanz über die Rinne hängen und sah die Straße auf und ab. „Warum sitzt er denn da, du Ameise?" fragte Wackelohr. „Er kann doch fallen, und dann ist er tot!"
„Nun, er langweilt sich wohl auch", antwortete die Ameise. „So hält er ein bißchen Ausschau, ob er ein Mäusecken auf der Straße sehen kann."
Da bat Wackelohr: „Ach, liebste Ameise, sage mir doch einen Weg, wie ich zu ihm kommen kann. Ich will dir auch all meinen Speck schenken."
Die Ameise strich sich nachdenklich ihren kräftigen Unterkiefer mit den beiden Vorderbeinen, juckte sich mit den Hinterbeinen und sprach: „Deinen Speck will ich nicht, ich esse lieber Zucker und Honig und Marmelade. Und einen Weg zu dem Mäuserich weiß ich auch nicht für dich. Ich gehe immer durch das Schlüsselloch, und dafür bist du zu groß."
Wackelohr aber bat und bettelte, und schließlich versprach die Ameise, sich bis zum nächsten Abend zu überlegen, wie Wackelohr zu seinem Mäuserich kommen könnte.
Am nächsten Abend traf Mäusecken die Ameise wieder in der Speisekammer und fragte sie, ob sie nun wohl einen Weg wisse. „Vielleicht weiß ich einen Weg", sagte die kluge Ameise, „aber ehe ich dir den sage, mußt du mir einen Zukkerbonbon schenken."
„Ach!" rief Wackelohr. „Woher soll ich den denn nehmen? Der einzige Zuckerbonbon, von dem ich weiß, liegt auf dem Nachttisch der Hausfrau. Den lutscht sie immer, wenn sie morgens aufwacht, damit der Tag ihr gleich süß schmeckt."
„Nun, so hole den doch!" sagte die Ameise kaltblütig.
„Den kann ich doch nicht holen", rief das Mäusecken traurig. „In dem Schlafzimmer schläft ja auch die alte böse Katze, die meine Eltern und Brüder und Schwestern geholt hat. Wenn die mich hört, mordet sie mich bestimmt."
„Das mußt du wissen, wie du es machst", sagte die Ameise

ungerührt. „Bekomme ich den Bonbon nicht, erfährst du den Weg nicht zu deinem Mäuserich."

Da half Wackelohr kein Bitten und kein Weinen und kein Flehen, ohne den Bonbon wollte die Ameise ihm nichts sagen. Also ging Mäusecken auf seinen leisesten Pfoten aus der Speisekammer in die Küche, und aus der Küche in das Eßzimmer, und aus dem Eßzimmer in das Arbeitszimmer, und aus dem Arbeitszimmer auf den Flur. Auf dem Flur aber machte es seine Pfoten womöglich noch leiser und wutschte, sachte, sachte, still in das Schlafzimmer.

Im Schlafzimmer war es für Menschenaugen ganz dunkel, weil die Vorhänge zugezogen waren. Aber Mäuse haben Augen, die besonders gut im Dunkeln sehen können. Und so sah Wackelohr denn, daß – o Schreck! – seine Feindin, die Katze, nicht schlief. Sondern sie lag auf einem schönen Kissen grade vor dem Bett, an dem das Mäusecken vorbei mußte, wenn es zum Nachttisch mit dem Bonbon wollte, dehnte und streckte sich und leckte das Maul, als wäre sie noch hungrig.

Wie Mäusecken das sah, konnte es nicht anders: Es mußte vor Schreck quieken. Sprach die Katze: „Hier ist wohl eine Maus im Zimmer? Ich dachte, ich hätte alle Mäuse in diesem Hause längst totgemacht. Nun, wenn noch eine Maus da ist, werde ich sie gleich haben." Und sie streckte sich, um aufzustehen.

In seiner Angst bat das Mäusecken den Stuhl, unter dem es saß: „Ach, lieber Stuhl, knarre ein wenig. Dann denkt die Katze, es war nur Stuhlknarren und kein Mäusequieken." Und der Stuhl tat dem Mäusecken den Gefallen und knarrte ein wenig. Die Katze aber legte sich wieder hin und sprach: „Ach so, es hat bloß ein Stuhl geknarrt. Ich dachte schon, es wäre eine Maus. Aber wenn es bloß ein Stuhl ist, kann ich ruhig schlafen." Und damit streckte sich die Katze aus und schlief ein.

Was sollte Wackelohr tun? Direkt an der bösen Feindin vorbei zum Nachttisch zu gehen, dazu fehlte ihr der Mut. Sie fürchtete, sie würde vor Angst mit ihren Nägeln auf dem Fußboden klappern und dadurch die Katze aufwecken. Den Bonbon aber mußte sie kriegen, sonst erfuhr sie den Weg zum Mäuserich nicht. Da beschloß Wackelohr, über das Bett zu laufen und vom Kopfkissen auf den Nachttisch zu klettern. Das war wohl nicht so gefährlich, denn in dem Bett schlief die Hausfrau, und Menschen sind für Mäuse lange nicht so schlimm wie die Katzen, weil sie nicht so schnell wie die Katzen sind und weil sie auch viel fester als Katzen schlafen.

Wackelohr machte sich also auf den Weg. Zuerst kletterte es am Bettbein hoch, wobei es sich mit seinen Krallen sehr festhalten mußte. Dann sprang es ins Bett. Da hatte es nun auf Decke und Kissen eine weiche Straße, wo die Krallen nicht klappern konnten. Es lief eilig voran, weil es aber so eilig lief, paßte es nicht auf, und so kitzelte es mit seinem langen Schwanz die Hausfrau grade unter der Nase.

Die mußte niesen, wachte auf, meinte, es sei die Katze gewesen, die schon manchmal ins Bett gesprungen war, und rief: „Gehst du weg, alte Katze!"

Davon erwachte die Katze, glaubte, sie sei gerufen, und sprang mit einem Satz ins Bett. Darüber wurde die Hausfrau erst recht ärgerlich, schlug nach der Katze und rief: „Mach, daß du fortkommst, Störenfried!"

Die Katze verstand nicht, warum sie erst gerufen wurde und nun wieder nicht kommen sollte und nun gar geschlagen wurde, und miaute zornig. Davon wachte der Hausherr im Bett daneben auf und rief: „Ist die ungezogene Katze schon wieder im Bett? Na warte, Olsch!" Und er machte Licht, ergriff einen Stiefel und fing an, nach der Katze zu schlagen, die jämmerlich schrie.

Bei all dem Geschrei und Gespringe und Geschlage und Miauen hatte Wackelohr längst den Bonbon ins Maul genommen, war vom Nachttisch gesprungen und durch die offene Tür hinausgewutscht. Da saß es, hörte den Lärm und freute sich, daß seine böse Feindin Schläge bekam.

„Siehst du wohl", sagte die Ameise, als Wackelohr mit dem Bonbon im Maule ankam, „man muß sich nur nicht so anstellen, es war gar nicht so schlimm. – Du hast doch nicht etwa ein Stückchen abgebissen?" Und sie sah den Bonbon mißtrauisch an. Aber der war in Ordnung; obwohl Wackelohr ihn im Maule getragen hatte, hatte es nicht einmal mit der Zungenspitze daran gerührt. Nun wollte es aber auch zum Lohn für all seine Mühe den Weg zum schönen Mäuserich wissen.

„Der ist ganz einfach", sprach die Ameise. „Du weißt doch,

oben auf dem Dachboden hält der Hausherr sich Tauben, die den ganzen Tag frei ein- und ausfliegen, soviel sie nur wollen. Bitte eine der Tauben, dich auf ihrem Rücken mitzunehmen – das sind freundliche Vögel, sie werden es schon tun."

Dies schien dem Mäusecken ein guter Rat, und gleich schlüpfte es die Treppe hinauf in den Taubenschlag. Auch die Ameise ging eilends heim, denn sie wollte rasch all ihre Schwestern zusammenrufen, damit jede noch vor Morgen ein Stücklein Bonbon heimtrug.

„Ruckediguck – Guckediruck", schwatzten die Tauben noch in ihrem Schlag, obwohl es schon ganz dunkel war. Sie besprachen sich, wohin sie am nächsten Morgen fliegen wollten, um Futter zu suchen. Im Garten am See waren Erbsen gelegt, aber es war die Frage, ob man sie bekam, denn dort trieb ein großer, gelber Kater sein Unwesen, der gar zu gerne Täubchen aß. „Guckediruck", sagten die Tauben, „mit den Katzen wird es schlimmer und schlimmer – daß die Menschen solch wilde Tiere überhaupt dulden! Ruckediguck!"

„Das sage ich auch", sprach die Maus höflich unter der Tür. „Mich hätte heute abend auch beinahe die Hauskatze erwischt, hätte nicht ein Stuhl freundlich für mich geknarrt. Das angstvolle Leben in diesem Hause ist mir ganz leid – will nicht eine so freundlich sein, mich morgen früh auf ihrem Rücken zum Hausdach drüben zu tragen?"

„Ruckediguck!" riefen die Tauben erschrocken. „Ein Dieb ist im Schlag. Sicher will er unsere Eier austrinken."

Aber das Mäusecken redete ihnen gut zu, daß es keine böse Absicht auf die Eier habe, sondern nur darum bitte, auf einem Taubenrücken zur andern Straßenseite getragen zu werden. „Ruckediguck", sagten die Tauben da. „Wenn es so ist und du unsern Eiern nichts tust, so wollen wir dir gefällig sein. Aber jetzt ist die Schlagtür schon zu – komm morgen mit dem frühesten wieder. Ruckediguck!"

Da bedankte sich das Mäusecken Wackelohr höflich und ging in seinem Loch unter dem Küchenschrank schlafen. Es träumte aber die ganze Nacht von dem schönen Mäuserich. –

Unterdessen hatte die Katze Keile bekommen und war vor die Schlafzimmertür gesetzt, zur Strafe, weil sie der Hausfrau ins Bett gesprungen war. Da saß sie nun und ärgerte sich gewaltig, und alle Glieder taten ihr weh. „Ich bin der Hausfrau doch nicht mit meinem Schwanz ins Gesicht gefahren, wie sie gescholten hat“, sagte die Katze immer wieder zu sich. „Wer kann das bloß gewesen sein?“ Da fiel ihr ein, wie sie erst eine Maus piepen gehört, dann aber gemeint hatte, es habe nur ein Stuhl geknarrt. Vielleicht war es doch eine Maus, die mir diesen Streich gespielt hat, dachte sie. Ich will doch einmal im ganzen Hause nachsehen, ob ich eine Spur von ihr finde.

Damit ging sie auf sachten Sammetpfoten los und ließ ihre großen, grünen Augen leuchten wie Laternen, daß sie trotz der dunklen Nacht alles sehen konnte. Sie sah um jede Ecke und roch unter jeden Schrank, und als sie unter den Küchenschrank roch, sprach sie: „Ich finde, hier riecht es mäusisch. Ach, wie gut riecht das doch! Komm heraus, kleine Maus, wir wollen zusammen tanzen!“ Aber die Maus hörte die böse Katze nicht, Wackelohr schlief fest in seinem Loch und träumte vom Mäuserich.

So ging die Katze betrübt weiter, als nichts auf ihre falschen Lockreden kam, und gelangte in die Speisekammer. In der Speisekammer aber war ein großes Getriebe und Gelaufe von vielen tausend Ameisen, die jede ihr Stück von dem roten Bonbon abbeißen wollte. Da machte die Katze ihre Stimme grob und schalt: „Was ist denn das hier für ein Gelaufe und Geschmatze mitten in der ruhigen Nacht, wo doch alles schlafen soll! Gleich macht ihr Räuber, daß ihr fortkommt!“

Die Ameisen aber hatten keine Angst vor der Katze, denn die Katzen fressen keine Ameisen, weil die Ameisen sauer schmecken, und die Katzen lieben das Süße. Das wissen die Ameisen. „Hihi!“ riefen sie darum. „Hihi! Du alte, große Katze! Du läufst ja auch mitten in der Nacht herum, statt zu schlafen, da dürfen wir es auch wohl tun!“

„Bei mir ist das eine andere Sache“, sprach die Katze streng. „Ich bin vom Hausherrn als Nachtwächter bestellt, daß sich keine Diebe einschleichen. Was ist denn das für ein roter Bonbon, in den ich euch da beißen sehe? Mir scheint, der ist gestohlen.“

„Hihi!“ rief die kluge Ameise. „Der Bonbon gehört mir, den habe ich für einen guten Rat bekommen.“

„Der Bonbon gehört auf den Nachttisch der Hausfrau", sprach die Katze noch strenger. „Gleich sagst du mir, wer ihn dir gegeben hat, sonst nehme ich ihn dir weg. Wenn du mir aber die Wahrheit sagst, sollst du ihn behalten dürfen."

Da wurde es der klugen Ameise um den schönen Bonbon angst, und sie verriet das Mäusecken und erzählte alles, was sie wußte. Die Katze aber wurde ganz aufgeregt, denn sie verstand nun, daß es das Mäusecken war, dem sie die Prügel zu verdanken hatte, und sie war sehr eifrig, die Ameise auszufragen. „Weißt du denn gar nicht, Ameise", fragte sie schließlich, „wo das Mäusecken sein Loch hat?"

„Nein, das weiß ich nicht", antwortete die Ameise. „Aber wir Ameisen können überallhin kommen, und nichts bleibt uns verborgen, außer was in der Luft schwebt oder im Wasser schwimmt. Ich will alle meine Schwestern ausschicken, so werden wir das Loch schon finden."

Das geschah. Alle Ameisen wurden ausgeschickt, und schon nach einer kurzen Weile kam eine zurück und meldete, daß die Maus unter dem Küchenschrank in einem Loch liege und schlafe. „Das dachte ich mir", sprach die Katze. „Da roch es vorhin schon so mäusisch." Sie begaben sich also zum Küchenschrank, aber sosehr sich die Katze auch mühte, streckte und dünn machte: Der Spalt zwischen Schrank und Boden war zu eng, sie konnte nicht darunterkommen.

„Was machen wir nun?" fragte die Katze ärgerlich. „Kriegen muß ich die Maus, und sollte ich einen ganzen Topf meiner süßen Schleckermilch dafür geben!"

„Läßt du uns alle morgen früh von deiner süßen Schleckermilch trinken", sprach die kluge Ameise, „so wüßte ich schon einen guten Rat." Da versprach die Katze dies der Ameise hoch und teuer, und so sagte die Ameise: „Wir wollen eine meiner Schwestern schicken, damit sie das Mäusekken ins Ohr beißt. So wird es einen Schreck bekommen, hervorlaufen, und du hast es!"

Wie gesagt, so getan. Die Ameise wurde ausgeschickt, die Katze aber setzte sich sprungbereit vor den Schrank und ließ ihre Augen mit voller Kraft leuchten, damit es auch hell genug wäre und sie die Maus gleich sähe. Sie warteten – eine Minute – zwei Minuten – drei Minuten, sie warteten noch länger – schließlich kam unter dem Schrank hervor die ausgesandte Ameise. „Ih, du Faule!“ rief die kluge Ameise wütend. „Hast du denn die Maus nicht wecken können? Besitzt du denn gar keine Kraft mehr in deinen Beißkiefern und keine Säure in deinem Leibe, daß du eine jämmerliche Maus nicht aus ihrem Schlafe zwicken und zwacken kannst –!?“

Die Ameise aber berichtete, daß sie nach Kräften gebissen und Säure gespritzt habe, die Maus aber sei nicht aufgewacht. Da wurden andere Ameisen ausgeschickt, sie alle aber gingen umsonst: Das Mäusecken wachte nicht auf. Das kam aber daher, daß Wackelohr in seinem Loch auf der Seite schlief, so daß sie nur an das eine Ohr konnten. Das Ohr aber, das oben lag, war das Ohr, das die Katze einmal bei ihrem mörderischen Überfall zerbissen und zerrissen hatte, wovon das Mäusecken ja auch Wackelohr hieß. In diesem Ohr hatte die Maus gar kein Gefühl mehr, und die Ameisen konnten beißen, soviel sie nur wollten – Wackelohr spürte nichts, sondern träumte weiter von seinem Mäuserich.

Schließlich ging die kluge Ameise selbst, aber sie konnte auch nicht mehr verrichten als die andern und ging umsonst. Da kam sie wieder und sprach zu der Katze: „Das Mäusecken läßt sich nicht wecken noch rühren, soviel man auch beißt. Aber ich weiß einen andern Rat. Gibst du uns von deiner süßen Schleckermilch, wenn ich ihn dir sage?“

Die Katze antwortete: „Wenn ich die Maus kriege, sollt ihr süße Milch schleckern dürfen, soviel ihr nur wollt.“

Damit war die Ameise zufrieden und sagte: „Morgen mit dem frühesten wird das Mäusecken in den Taubenschlag gehen, um auf dem Taubenrücken zum Mäuserich zu fliegen. Lege du dich nur auf die Lauer und fang sie ab, so hast du sie!“

„Das ist ein guter Rat“, sagte die Katze. „Ich muß die Maus aber noch vor dem Schlag fassen, denn in den Taubenschlag einzutreten, hat der Hausherr mir strenge verboten und schlägt mich wohl tot, wenn er mich bei seinen geliebten Tauben erwischt.“

„Du hast ja alle Zeit, die Maus auf der Treppe zu fangen“, sprach die Ameise. „Gute Nacht.“ Damit gingen sie zur Ruhe. Die Katze suchte sich ein schönes Kissen auf einem

Sofa und schlief ein. Die Ameise aber setzte sich auf die Treppe, damit sie die Katze gleich an die versprochene Schleckermilch erinnern könnte.
Am frühesten diesen Morgen erwachte der Hausherr und stieg gleich auf den Dachboden, seinen lieben Tauben den Schlag zu öffnen, damit sie sich draußen ihr Futter suchen könnten. Weil er seine Augen aber oben im Kopf und nicht unten auf den Schuhen hatte, sah er die kluge Ameise nicht, die auf der Stufe schlief, und trat sie auf den Leib. „Hih –", sagte die kluge Ameise und war tot, und damit hatte sie ihre Strafe weg, daß sie das Mäusecken an die böse Katze verraten hatte.
Der Hausherr hatte gar nichts gemerkt, machte den Schlag auf, und alle seine Tauben flogen aus bis auf eine, die unruhig umherlief und gurrte: „Ruckediguck, wo bleibt die Maus? Guckediruck, ich möchte hinaus!"
Der Hausherr, der ihr Gurren nicht verstand, fragte verwundert: „Was ist dir?"
Indem kam schon die Maus mit fliegenden Beinen angesaust, denn die Katze war gleich hinter ihr. Die Katze bedachte in ihrem Jagdeifer nicht, daß sie nicht in den Schlag durfte, und lief der Maus nach. Der Hausherr, als er die Katze im Schlage sah, ergriff einen Knüttel und ließ ihn auf der Katze tanzen. Die Katze schrie, das Mäusecken sprang auf den Taubenrücken, die Taube klatschte mit den Flügeln und flog aus dem Schlag. Die Katze aber, um den Prügeln zu entgehen und das Mäusecken doch noch zu fangen, sprang hinter der Taube her, konnte aber ohne Flügel nicht fliegen und fiel durch die Luft fünf Stockwerke tief auf die Erde, wo sie tot liegenblieb.
Das Mäusecken Wackelohr aber wurde von der Taube sanft auf das Dach des andern Hauses getragen, fand seinen Mäuserich, heiratete ihn, und sie bekamen so viele Kinder, daß beide nie wieder allein waren.

Geschichte vom Unglückshuhn

Es lebte einmal ein großmächtiger Zauberer, der hatte einen stolzen bunten Hahn und drei Hühner. Von denen konnte das eine Huhn goldene Eier legen, das andere silberne, das dritte aber gar nichts – nicht einmal gewöhnliche Hühnereier. Darüber wurde es sehr traurig, denn die andern Hühner lachten es aus und wollten nicht mit ihm auf die Straße gehen, und der stolze Hahn, den es sehr liebte, sah es nicht einmal an und redete nie mit ihm. Fand es aber einmal einen schönen langen Regenwurm oder einen fetten Engerling, gleich nahmen ihm die andern den Bissen fort und sprachen: „Wozu brauchst du so fett zu fressen? Du kannst ja nicht einmal gewöhnliche Eier legen, geschweige denn goldene und silberne wie wir! Mach, daß du fortkommst, Nichtsnutz!"
Darüber wurde das Huhn immer verzweifelter, nichts freute es mehr im Leben, es saß trübsinnig in der Ecke und sprach zu sich: „Puttputtputt, ich wollte, ich wäre tot. Zu nichts bin ich nutze. Der stolze bunte Hahn, den ich so sehr liebe, schaut mich nicht an, und soviel ich auch drücke, es kommt kein einziges Ei aus meinem Leibe. Puttputtputt, ich bin ein rechtes Unglückshuhn."
Der großmächtige Zauberer hörte, daß das Huhn so klagte, und er tröstete es und sprach: „Warte nur, was aus dir noch werden wird! Deine Schwestern können wohl goldene und silberne Eier legen, dich aber habe ich zu einem noch viel besseren Werke aufgehoben. Aus dir wird man noch einmal eine Suppe kochen, die Tote lebendig macht."
Diese Worte des Zauberers hörte seine Haushälterin, ein kleines böses Fräulein, das die Hexerei erlernen wollte, und sie dachte bei sich: Eine Suppe, die Tote lebendig macht, ist eine schöne Sache, damit könnte ich viel Geld verdienen.
Als nun der großmächtige Zauberer zu Besuch bei einem andern Zauberer über Land gefahren war, fing sie das Unglückshuhn, schlachtete es, rupfte und sengte es, nahm es aus und tat es in einen Kochtopf, um die Lebenssuppe aus ihm zu kochen. Als das Wasser aber zu brodeln und zu singen anfing, klang das der Hexe grade so, als riefe das tote

Huhn im Kochtopf: Puttputtputt, ich Unglückshuhn! Puttputtputt, ich Unglückshuhn!
Da bekam die Hexe einen großen Schreck, sie tat alles vom Feuer, holte sich Messer, Gabel und Löffel und machte sich daran, das Huhn schnell aufzuessen. Denn sie dachte in ihrer Dummheit, wenn sie das Huhn erst im Leibe hätte, würde es nicht mehr rufen können, und so würde der Zauberer nichts von ihrer Untat erfahren.
Derweilen saß der Zauberer mit seinem Freund in dessen Stube, und weil sie sich alles erzählt hatten, was sie wußten, fingen sie an, sich aus Langerweile einander ihre Zauberkunststücke zu zeigen. „Was hast du denn da in der Nase?" fragte der eine und zog dem andern einen Wurm aus dem Nasenloch. Der Wurm wurde immer länger und länger. „Nein, was hast du bloß für Zeugs in der Nase", sagte der Zauberer. „Du solltest sie doch einmal ordentlich ausschnauben!" Und er warf den Wurm, der einen guten Meter lang war, zum Fenster hinaus.
„Und du?" fragte der andere Zauberer. „Du wäschst dir wohl nie die Ohren? Wahrhaftig, da gehen schon die Radieschen auf! Sieh doch!" Und er griff ihm ins Ohr und brachte eine Handvoll Radieschen hervor. Danach eine dicke gelbe Rübe und zum Schluß gar eine grüne Gurke, die noch länger war als der Wurm.
„Nun laß es aber genug sein", sagte der andere und hustete. Und von dem Husten flog das ganze Gemüse vom Tisch und einem auf der Straße vorübergehenden Weibe in den Korb. Das meinte, heute schneie es Radieschen, regne Gurken und hagele Rüben, und fing vor Schreck an zu laufen, daß seine Röcke flogen. Die beiden Zauberer aber lachten, bis ihnen die Bäuche wackelten.
„Jetzt will ich dir etwas zeigen, was du nicht kannst", sagte der fremde Zauberer. Er zog seine Jacke aus, guckte in den Ärmel und sprach: „Durch diesen Ärmel kann ich überallhin und durch alle Wände gucken."
„Wenn du das kannst", sprach der großmächtige Zauberer, „so sage mir, was du in meiner Stube siehst."
„In deiner Stube", sprach der andere Zauberer, „sitzt ein Fräulein am Tisch, hat eine Schüssel mit Suppe vor sich und nagt an einem Hühnerbein."
„Was?!" schrie der Zauberer im höchsten Zorn. „Hat sie gar

das Huhn geschlachtet, aus dem ich die Lebenssuppe kochen will?! Da muß ich eiligst fort!"

Und er schlug dreimal auf seinen Stuhl. Da verwandelte sich der Stuhl in einen riesigen Adler, flog mit ihm aus der Stube und rauschte mit solcher Schnelligkeit durch die Luft, daß kaum eine Minute vergangen war, da war der Zauberer schon bei der kleinen Hexe.

Die ließ vor Angst das abgenagte Hühnerbein aus der Hand fallen, weinte und schrie: „Ich will es auch gewiß nicht wieder tun!" Aber das half ihr nichts. Sondern der Zauberer ergriff eine kleine Flasche, die auf seinem Waschtisch stand, gebot: „Fahre hinein!" Und sofort wurde das Hexlein ganz klein und fuhr wie ein Rauch in die Flasche.

Der Zauberer stöpselte die Flasche gut zu, hing sie dem Adler um und sprach: „Nun fliege wieder heim, mein guter Adler, sonst fehlt meinem Freund ja der Stuhl. Und sage ihm, er soll dieses kleine Hexlein ja nicht herauslassen, es stiftet nur Unfug. Wenn er aber wissen will, wie das Wetter wird, soll er das Hexlein in der Flasche ansehen. Hat es den Mund zu, bleibt das Wetter gut; streckt es aber die Zunge heraus, wird's Regen."

„Rrrrrummmm!" sagte der Adler, flog ab und tat, wie ihm befohlen.

Der Zauberer aber ging durch Haus und Hof und suchte alles zusammen, was das Hexlein von dem Huhn weggeworfen hatte: die Federn vom Dunghaufen die Eingeweide aus dem Schweineeimer und den Kopf aus dem Kehricht. Nur das Fleisch von dem einen Bein blieb fehlen, das war aufgegessen und nicht wiederzubekommen. „Macht auch nichts", sagte der Zauberer, legte alles schön zusammen und sprach einen Zauberspruch. Schwupp! stand das Huhn da! Nur fiel es gleich wieder um, weil ihm ein Bein fehlte.

„Macht auch nichts", sagte der Zauberer und schickte zu einem gelehrten Goldschmied. Der verfertigte mit all seiner Kunst ein goldenes Hühnerbein und setzte es dem Huhn so künstlich ein, daß es damit gehen konnte, als sei es aus Fleisch und Knochen.

Das gefiel dem Huhn nicht übel, das Bein blinkerte und glänzte herrlich wie nicht einmal die Federn vom stolzen bunten Hahn und klapperte so schön auf dem Stubenbo-

den, wenn es lief, als gackerten zehn Hühner nach dem Eierlegen.
Wie aber ward dem Huhn, als es mit seinem Goldbein vergnügt und stolz auf den Hof hinausklapperte! „Falschbein! – Hinkepot!“ riefen die beiden Hühner, die goldene und silberne Eier legen konnten, höhnisch. „Du altes Klapperbein!“ Und sie jagten das Huhn mit Schnabelstößen und Krallenkratzen so lange herum, bis es vor Angst auf einen Baum flatterte. Am schlimmsten aber hackte und kratzte der stolze bunte Hahn. „Hier darf nur einer glänzen, und der bin ich!“ rief er böse und hackte, daß die Federn flogen.
Nun saß das arme Huhn verängstigt auf seinem Baum und klagte bei sich: „Puttputtputt, ich Unglückshuhn! Ich dachte, nun würde es besser werden, nachdem ich so viel ausgestanden habe, aber jetzt ist es ganz schlimm geworden. Ach Gott, wär ich bloß tot!“
Indem erspähte eine diebische Elster, daß in dem Baum etwas glitzerte und blinkte, dachte, es gebe was zu stehlen, flog hinzu und wollte dem Huhn das Goldbein abreißen. Dazu war sie aber zu schwach, flog also, als sie dies sah, fort und rief Hunderte von ihren Schwestern zusammen, die alle ebenso wild auf Glänzendes waren wie sie.
Da fielen alle Elstern mit spitzen Schnabelhieben über das Huhn her, die Federn stoben in alle Winde, und es gab ein entsetzliches Gezeter und Gezanke, weil jede Elster gern das Goldbein gehabt hätte. Das Huhn aber stürzte wie tot vom Baum, dem großmächtigen Zauberer grade vor die Füße; denn er kam aus seinem Zimmer gegangen, zu sehen, was denn das für ein höllischer Spektakel sei.
Der Zauberer sah das Huhn betrübt an, denn es war keine Feder mehr auf ihm, und die Haut war auch zerfetzt, und er sprach: „Du hast es freilich schlimm, du armes Unglückshuhn. Aber warte nur und halte aus. Du sollst sehen, wenn erst die Lebenssuppe aus dir gekocht wird, wirst du so berühmt und geehrt wie kein Huhn vor dir!“
Damit trug er das Huhn ins Haus. Weil aber der Wind alle Federn fortgetragen hatte, schickte er zu einem geschickten Silberschmied und ließ dem Huhn eine künstliche Silberhaut machen. Die blinkerte und glänzerte so schön, daß es eine wahre Freude war. Dazu klapperte das Goldbein wie frohes Hühnergegacker.

Da wurde das Unglückshuhn froh und stolz und ging hinaus auf den Hof, sich den andern Hühnern zu zeigen. Die andern beiden Hühner kamen mitsamt dem stolzen Hahn eilends herbeigelaufen, zu sehen, was denn das für ein Geglänze und Geglitzer sei. Als sie aber sahen, es war bloß das Unglückshuhn, und merkten, kein Schnabelhieb ging durch die feste Silberhaut, da sagten sie verächtlich: „Nein, dieses elende Huhn! Es hat ja nicht einmal Federn an, es ist ganz nackt – mit einer solchen Person wollen wir nichts zu tun haben!" Und der stolze bunte Hahn krähte wütend: „Ich habe dir schon einmal gesagt, daß ich allein glänzen darf. Warte nur, ich werde nicht einmal einen Regenwurm von dir annehmen, wenn du dein graues Federkleid nicht wieder anziehst."

„Das kann ich doch nicht!" rief das Huhn traurig. Aber der Hahn ging böse weg. Da weinte das Huhn und klagte: „Mit mir wird es auch nie besser, es kann geschehen, was will. Puttputtputt, ich bin ein rechtes Unglückshuhn." Und es saß alle Tage traurig in einer Ecke, und weder Silberhaut noch Goldbein freuten es noch.

Aber es sollte noch schlimmer kommen! Das böse Hexlein nämlich, das beim andern Zauberer in einem Fläschlein auf dem Schreibtisch stand, sah all seiner Zauberei zu, die er tagsüber machte. Es lernte dabei viel und wurde immer böser. Wäre ich nur erst aus der Flasche! dachte es. Ich wollte denen schon zeigen, daß ich ebensogut zaubern kann wie sie, und sie mächtig ärgern!

Aber der Zauberer paßte gut auf und hatte den Flaschenkorken noch mit einem Strick am Flaschenhals festgebunden, daß es nur nicht herauskam. Da geriet das Hexlein auf eine List und streckte, als es gutes Wetter zeigen und den Mund zuhalten sollte, die Zunge heraus, was ja Regen bedeutete.

Der Zauberer sah es und sprach: „Ach so, es gibt Regen. Gut, daß ich das weiß. Ich wollte heute nachmittag eigentlich über Land und Tante Kröte besuchen. Nun aber will ich doch lieber zu Haus bleiben, denn naßregnen lasse ich mich nicht!"

Der Zauberer blieb also zu Haus, und weil er nichts Rechtes zu tun hatte, zauberte er aus reiner Langerweile erst eine ganze Stube voll Apfelreis und dann dreihundert

kleine Mäuse, die den Apfelreis auffressen mußten, was eine ganze Weile dauerte. Als aber die Mäuslein den Apfelreis aufgefressen hatten, waren sie groß und dick und rund geworden. Da zauberte der Zauberer dreißig Katzen, die mußten die dreihundert Mäuslein auffressen. Als die Katzen das getan hatten, legten sie sich dickesatt und schläfrig in die Sonne.
Der Zauberer sah das und rief erstaunt: „Was denn –? Ich denke, es soll regnen, und nun scheint immer noch die Sonne! Was ist denn bloß mit meinem Hexlein los?“ Und er klopfte mit dem Finger gegen das Fläschlein. Das Hexlein saß ganz still darin und zeigte weiter die Zunge. Nun, es wird wohl gleich losregnen, tröstete sich der Zauberer und sah wieder die dreißig Katzen an, die faul und schläfrig in der Sonne lagen.
Was fange ich bloß mit dieser Bande an? fragte sich der Zauberer. Sie sind so vollgefressen, sie sind zu nichts mehr nutze. Sie haben dreihundert Mäuse im Bauch, und die dreihundert Mäuse haben eine ganze Stube voll Apfelreis im Bauch – nun liegen sie hier rum und tun gar nichts. Und er gab einer Katze einen Tritt. Er war nämlich schlechter Laune, weil er trotz des schönen Wetters im Glauben an das Hexlein zu Haus geblieben war. Die Katze kümmerte sich gar nicht um den Tritt, sondern schlief ruhig weiter.
Da holte der Zauberer eine kahle Haselrute und verwandelte die dreißig faulen Miesekatzen in dreißig Haselkätzchen, die an dem Zweige saßen. „So“, sagte er. „Das sieht wenigstens nett aus und liegt nicht im Wege.“ Und er stellte den Zweig in eine Vase.
Als er dies getan hatte, sah er wieder nach der Sonne. Die Sonne schien noch immer. Dann sah er nach dem Hexlein in der Flasche: Das Hexlein zeigte noch immer die Zunge. „Du!“ sagte er und klopfte an das Glas. „Es regnet doch gar nicht, nimm die Zunge rein!“ Das Hexlein zeigte die Zunge. Vielleicht hat sich die Zunge zwischen den Zähnen festgeklemmt, überlegte der Zauberer und schüttelte die Flasche kräftig. Das Hexlein zeigte noch immer die Zunge. „Ich werde die Flasche auf den Kopf stellen“, sagte der Zauberer, tat es – aber das Hexlein zeigte weiter die Zunge. Ich will ihm doch mal die Sonne zeigen, dachte der Zauberer, dann sieht es doch, daß es falsch Wetter zeigt. Und er trug

die Flasche hinaus in den Garten und hielt sie in die Sonne. Das Hexlein zeigte der Sonne die Zunge.
„I du dummes Ding! Wie kannst du dich so verkehrt aufführen!“ schrie der Zauberer wütend und warf die Flasche gegen die Wand. An der Wand zerbrach die Flasche, das Hexlein kam hervor wie ein Rauch, und ehe noch der Zauberer ein Zauberwort hatte sprechen können, fuhr es als Rauch empor in die Wolken.
„Weg ist sie!“ sagte der Zauberer verblüfft. „Na, hoffentlich macht sie nicht zuviel Unfug.“ Damit ging er ins Haus und zog sich Stiefel an, denn er wollte jetzt doch noch über Land zur Tante Kröte. Es würde ja doch nicht regnen.
Das Hexlein aber blieb nicht lange in den Wolken, denn dort war es ihm zu kalt, sondern es fuhr dort zur Erde, wo das Haus des großmächtigen Zauberers stand. Dem wollte es zuerst einen Schabernack tun, weil er es in die Flasche gesteckt hatte.
Das Hexlein verwandelte sich aus einem Rauch zurück in seine menschliche Gestalt und sah vorsichtig durch das Fenster ins Zimmer, zu erfahren, was der Zauberer wohl täte. Der Zauberer lag in seinem großen Sessel und schlief ganz fest. Auf seiner einen Schulter saß das Huhn, das silberne Eier, auf der andern das Huhn, das goldene Eier legen konnte, auf dem Kopf aber der stolze bunte Hahn, und die drei schliefen auch.
Wo ist denn bloß das Unglückshuhn? fragte sich das Hexlein. Wenn ich dem das Herz aus dem Leibe reiße und es aufesse, kann er es nicht wieder lebendig machen und ärgert sich fürchterlich. So ging das Hexlein vom Garten auf den Hof, und da saß das Unglückshuhn betrübt in einer Ecke. Das Hexlein fing das Huhn und wollte ihm das Herz aus dem Leibe reißen, aber die Silberhaut war zu fest. Da nahm die Hexe das einzige an dem Huhn, das noch aus Fleisch und Knochen war, nämlich den Kopf, und riß ihn ab. Weil das Hexlein aber den Hühnerkopf nicht selber essen mochte, gab es ihn einem Hund, der grade die Straße entlangkam. Der Hund schnappte den Kopf, fraß ihn auf und lief weiter.
„So!“ sagte das Hexlein. „Nun kann der Zauberer sein liebes Huhn gewiß nicht wieder lebendig machen.“ Damit verwandelte sich die Hexe von neuem in einen Rauch und flog

über Land, eine Stelle zu suchen, wo sie neues Unheil stiften konnte.

Der Zauberer schlief sehr fest und hätte noch lange nichts von dem neuen Unheil gemerkt. Aber der stolze bunte Hahn, der auf seinem Kopfe saß und schlief, träumte, daß er einen Regenwurm aus der Erde kommen sah. Er packte den Regenwurm – im Traum – mit einer Kralle. Aber der Regenwurm saß halb in der Erde, er ließ sich nicht herausziehen. Da fing der Hahn – im Traum – an, mit dem Schnabel die Erde aufzuhacken, während er weiter mit der Kralle fest am Wurm zog – und davon wachte der großmächtige Zauberer auf und schrie vor Schmerzen. Denn der Hahn hielt ihn bei einer Haarsträhne gepackt, riß mit der Kralle daran und hackte mit dem Schnabel in seinen Kopf.

Der Zauberer schalt: „Ihr seid ein ganz freches Gesindel! So etwas würde das Unglückshuhn nie tun", und jagte das Geflügel aus der Stube. Doch gackerte es draußen gleich so laut, daß der Zauberer nachsehen mußte, was da wieder geschehen war. Hühner und Hahn standen aufgeregt um das silberhäutige Huhn, das tot, ohne Kopf, am Boden lag.

Der Zauberer hob es auf und sprach traurig: „Wer hat denn das nun wieder getan? Sicher deine Feinde, die bösen Elstern, die auf deine Silberhaut gierig waren. Aber warte nur, wenn ich erst deinen Kopf gefunden habe, will ich dich schon wieder lebendig machen!" Aber soviel er auch suchte, er fand den Kopf nicht, und das war kein Wunder, denn der lief ja in einem Hundebauch über Land.

Schließlich gab der Zauberer das Suchen auf. „Das Unglückshuhn muß ich wieder lebendig kriegen", sprach er bei sich, „und sollte ich mein kostbarstes Eigentum opfern. Denn ich habe in meinen Zauberbüchern gelesen, daß ich aus ihm einmal die Lebenssuppe kochen und dadurch reich und glücklich werde."

Als er das gesagt hatte, fiel ihm ein, daß er in einer Lade noch einen herrlichen großen Edelstein von seinem Vater her hatte. Er ließ einen kunstreichen Steinschneider kommen, und der mußte ihm aus dem Edelstein den schönsten Hühnerkopf von der Welt schleifen und schneiden. Dann wurde dieser Kopf geschickt auf die Silberhaut gepaßt, angezaubert – und schon stand das Unglückshuhn wieder lebendig!

Aber es sah gar nicht mehr wie ein Unglückshuhn aus, es glänzte und gleißte herrlich, und der diamantene Kopf schimmerte in allen Farben von der Welt und war dabei so hart, daß man mit einem Hammer hätte darauf schlagen können, er hätte nicht den kleinsten Riß bekommen. – „So", sagte der Zauberer zufrieden, „nun bist du so fest gepanzert, daß kein Feind dir etwas tun kann. Geh nur hinaus, Unglückshuhn, und hör dir an, was die Neidhämmel sagen!"
So ging das Huhn hinaus auf den Hof, und als die andern Hühner dies Geglänze und Gestrahle sahen und gar merkten, daß sie mit ihren Schnäbeln gar nichts mehr ausrichten konnten, daß aber das Unglückshuhn einen diamantenen Schnabel hatte, schärfer als ein Messer, da sprachen sie wütend: „Das ist doch höchst ungerecht! Wir legen dem Zauberer alle Tage ein goldenes und ein silbernes Ei, und für uns tut er gar nichts. Aber diese faule Nichtsnutzige schmückt er, als sei sie Kaiserin aller Hühner. Nein, nun wollen wir tun, als sähen wir sie gar nicht, und nie mehr ein Wort mit ihr sprechen."
Und der Hahn war erst recht wütend, denn sein stolzes buntes Kleid sah neben Silberhaut, Goldbein und Diamantkopf des Unglückshuhns blaß und schäbig aus, und er sprach zornig zu dem Unglückshuhn: „Sprechen Sie mich bloß nicht an, Sie aufgedonnerte Person! Der Wurm krümmt sich mir im Magen, wenn ich solch eitles Geprahle sehe! Mit Ihnen rede ich überhaupt kein Wort mehr!"
Da war das Unglückshuhn ebenso allein und traurig wie vorher. Kümmerlich saß es in den Ecken herum und seufzte: „Ach, spräche doch einmal ein nettes Huhn ein paar freundliche Tucktuck mit mir. Ach, sähe mich doch einmal der stolze bunte Hahn liebevoll an! Ach, könnte ich doch einmal ein ganz gewöhnliches Hühnerei legen! Puttputtputt, ich bin ein rechtes Unglückshuhn!"
Unterdessen war das Hexlein weiter über Land geflogen, bis es zu dem kaiserlichen Palast kam. Da saß die Tochter des Kaisers am Fenster und stickte. Das Hexlein sah sie sitzen und merkte, wie schön und lieblich sie war, und es dachte in seinem bösen Herzen: Das wäre doch das größte Unheil, das ich anrichten könnte, wenn ich des Kaisers Tochter krank machte. Flugs verwandelte sich das Hexlein

in ein Marienkäferchen und setzte sich auf den Stickrahmen der Kaiserstochter.
Die sah das Marienkäferchen und sprach: „Liebes Käferchen, flieg weiter auf ein grünes Blatt. Hier auf meinem Stickrahmen steche ich dich noch mit der Nadel.“
Als sie aber beim Sprechen den Mund aufmachte, flog ihr das Marienkäferchen direkt in den Mund hinein. Davon, weil das Hexlein so giftig und böse war, wurde die Prinzessin auf der Stelle todsterbenskrank. Sie sank von ihrem Stuhl und war so weiß wie ein Laken auf der Bleiche.
Da ließ ihr Vater, der Kaiser, alle Ärzte zusammenrufen. Und sie klopften und horchten an der Prinzessin herum, sie gaben ihr süße und sauere und bittere Medizinen, sie machten ihr trockene Umschläge und packten sie in nasse Tücher, sie ließen sie schlafen und weckten sie wieder auf, sie gaben ihr zu essen und verboten ihr alles Essen, sie machten ihr Zimmer dunkel und trugen sie dann wieder in die Sonne, sie maßen Fieber und zählten ihr den Puls – kurz, sie taten alles, was die Ärzte nur tun können. Bloß auf das eine rieten sie nicht, daß die Prinzessin ein Marienkäferchen verschluckt hatte, das eine böse Hexe war.
Darüber wurde die Prinzessin kränker und kränker, und es ging mit ihr bis nahe an den Tod. Ihr Vater, der Kaiser, geriet in große Sorge, und er ließ im ganzen Lande bekanntmachen, wer seine Tochter von ihrer Krankheit heile, solle die Hälfte seines Königreichs bekommen.
Viele kamen darauf herbeigeeilt, aber keiner konnte der Prinzessin helfen. Da wurde der Kaiser zornig und sprach: „Ihr seid ja alle Betrüger! Ihr wollt nur gut essen und trinken in meinem kaiserlichen Palaste, meine Tochter aber macht ihr nicht gesund. Wer jetzt kommt und macht sie doch nicht gesund, dem lasse ich als einem Betrüger den Kopf abhauen.“
Nun kam keiner mehr, denn davor hatten sie alle Angst. Eines Tages aber trat der Torwächter doch wieder vor den Kaiser und sprach: „Herr Kaiser, drunten steht einer, hat ein silberhäutiges Huhn mit einem Goldbein und einem Diamantkopf unter dem Arm und sagt, er kann Ihre Tochter gesund machen.“
„Torwächter“, fragte der Kaiser, „hast du ihm auch gesagt,

daß ich ihm den Kopf abschlagen lasse, wenn er die Prinzessin nicht gesund macht?"
„Das habe ich ihm gesagt", sprach der Torwächter.
„So schicke ihn herauf!" gebot der Kaiser.
Also kam der Mann herauf in die kaiserliche Halle, wo die Prinzessin sterbenskrank auf einem Bette lag, und es war der großmächtige Zauberer mit seinem Unglückshuhn. „Erlaubet, Herr Kaiser", sprach der Zauberer, „daß ich hier vor den Augen der Prinzessin aus diesem Huhn eine Suppe koche. Das ist eine Lebenssuppe, und wenn die Prinzessin davon ißt, wird sie wieder gesund."
„Man mache hier ein Feuer", gebot der Kaiser, „und bringe einen Kochtopf mit Wasser. – Du weißt aber, wenn es dir nicht gelingt, lasse ich dir den Kopf abschlagen?"
„Es gelingt mir", sprach der Zauberer und warf das Unglückshuhn in den Topf.
Als das Huhn eine Weile gekocht hatte, fragte der Kaiser, der ungeduldig war, seine Tochter wieder gesund zu sehen: „Riecht die Lebenssuppe schon?"
„Nein", sprach einer von seinen Leuten, die dabeistanden und zusahen.
„Wie sieht sie denn aus?" fragte der Kaiser.
„Wie klares Wasser", wurde ihm geantwortet.
„Was tut denn das Huhn?" fragte der Kaiser wieder.
„Es sitzt im Wasser und spricht: Puttputtputt, ich Unglückshuhn!"
„So macht stärkeres Feuer unter dem Topf!" gebot der Kaiser. „Dieses Huhn muß wohl auf gewaltigem Feuer gekocht werden."
Sie taten es, und nach einer Weile erkundigte sich der Kaiser von neuem. Aber alles war unverändert: Die Suppe roch nicht, war wasserklar, und das Huhn saß darin wie in einem Bad und sprach nur: „Puttputtputt, ich Unglückshuhn!"
Noch einmal wurde stärkeres Feuer gemacht, aber alles blieb, wie es war. Da runzelte der Kaiser die Stirne fürchterlich und fragte den Zauberer: „Nun, was ist dies, du Mann? Wird das eine Suppe oder bleibt es Wasser?"
Der Zauberer sprach zitternd: „Mächtiger Kaiser, ich gestehe, ich habe einen großen Fehler gemacht. Diesem Huhn wurde von seinen Feinden sehr nachgestellt, und so habe ich ihm ein Goldbein, eine Silberhaut und einen Diamant-

kopf gegeben, daß niemand ihm noch etwas zuleide tun kann. Aber ich habe dabei nicht bedacht, daß man Silber, Gold und Diamant nicht kochen kann. Wir könnten dieses Unglückshuhn wohl noch drei Jahre auf dem Feuer haben, das Wasser würde Wasser bleiben und keine Suppe werden."
„So kannst du also die Lebenssuppe nicht kochen?" fragte der Kaiser zornig.
„Nein", antwortete der Zauberer betrübt.
„So muß ich dir den Kopf abschlagen lassen", sprach der Kaiser. „Denn ich habe mein kaiserliches Wort darauf gegeben."
Damit winkte er einem seiner Soldaten, der sofort den Säbel zog. Der Zauberer sah betrübt darein und dachte: Schade, nun muß ich also sterben.
Die Hexe aber, in der Prinzessin Kehle, wollte gerne sehen, wie ihrem Feind, dem großmächtigen Zauberer, der Kopf abgehauen wurde. Sie kroch also aus dem Munde der Prinzessin und setzte sich auf die Lippe, um bequem zuzuschauen. Da sah sie der Zauberer, und mit seinen Zaubereraugen erkannte er, daß dies kein Marienkäferchen war, sondern ein verwandeltes Hexlein. Er rief mit lauter Stimme zu dem Unglückshuhn im Kochtopf: „Pick auf! Pick auf!"
Da flatterte das Unglückshuhn aus dem Topf und pickte das Marienkäferchen und zermalmte es in seinem diamantenen Schnabel. Im selben Augenblick war die Prinzessin wieder so gesund und schön und lieblich, wie sie gewesen.
Der Kaiser aber gebot dem Soldaten, wieder seinen Säbel einzustecken, zu dem Zauberer aber sprach er: „Du hast zwar die Lebenssuppe nicht kochen können, aber dein Huhn hat meiner Tochter das Leben gerettet. Darum sollst du auch dein Leben behalten und die Hälfte meines Reiches bekommen."
Der Zauberer freute sich gewaltig, und zum Dank schenkte er der Prinzessin das Unglückshuhn. Das durfte nun im kaiserlichen Schlosse wohnen und bekam jeden Tag Weizen auf goldenen und Regenwürmer auf silbernen Tellern zu fressen. Ging es aber einmal spazieren, so schritten zehn stolze bunte Hähne voraus und zehn an jeder Seite, und zehn Hähne gingen hinterher. Und alle vierzig Hähne kike-

riten aus voller Kraft und riefen: „Platz da! Aus dem Wege! Hier kommt das Huhn der kaiserlichen Prinzessin, das Huhn aller Hühner, das Glückshuhn!"
Das Huhn aber sprach bei sich: „Ach, wenn mich doch meine Schwestern und der stolze bunte Hahn vom Hofe des Zauberers sehen könnten! Aber sie sind nicht hier, und so macht es mir auch keinen Spaß. Puttputtputt, ich bin ein rechtes Unglückshuhn!"

Als die Mummi am frühen Morgen aufwachte, sah sie, daß der Pappa noch schlief. Er hatte die Steppdecke fein säuberlich vor das Bett gelegt und sich mit dem Bettvorleger zugedeckt. „O weh", seufzte da die Mummi, „dies wird wohl wieder solch schlimmer Tag, an dem alles verkehrt geht. Da muß ich gleich einmal sehen, was die Kinder machen."
Sie ging ins Zimmer vom Schwesterchen; es schlief noch, aber es hatte die Füße auf dem Kopfkissen und den Kopf unter der Decke. Als die Mummi es richtig legte, sagte das Schwesterchen: „Ich bin aber keine grüne Gurke", lachte und schlief weiter.
Im Bett von Knulli-Bulli war die Decke ganz geschwollen, aber der Junge war nicht zu sehen. Aha, dachte die Mummi, er hat sich wieder einmal verkrochen. Sie schlug die Decke zurück – da lag im Bett Frau Kuh! „Bitte schön, liebe Erikuh, kannst du mir nicht sagen, wo der Uli ist?" Aber die Kuh muhte bloß schläfrig und machte gleich wieder die Augen zu.
„Es ist aber auch zu schlimm mit solch verkehrtem Tag!" seufzte die Mummi. „Ich muß mich wirklich einmal hinsetzen und ausruhen." Sie setzte sich auf einen Stuhl, da fuhr der Stuhl mit ihr in die Küche. Auf der Küchenuhr war es schon acht. „Nein", rief die Mummi, „nun muß ich aber gleich Frühstück machen." Als sie aber nochmals auf die Uhr sah, war sie schon zehn. Da sah die Mummi genauer hin und merkte, daß der Knulli auf einem Zeiger ritt. „Kommst du sofort runter, Uli!" rief sie. „Du bringst ja alle Zeit durcheinander. Hilf mir lieber beim Frühstückmachen!"
Uli setzte sich auf eine Fliege, kniff sie in den Po, und schwupp! war er beim Küchenherd. Nun taten sie Holz und Kohlen auf die Herdplatte und gossen Wasser ins Herdloch. Dann steckten sie das Wasser mit einem Streichholz an, und als Holz und Kohlen zu kochen anfingen, holte Mummi die Eier. „Wieviel brauchen wir denn?" fragte sie. „Wir sind vier Große und zwei Kinder, vier und zwei macht drei", sagte sie und schlug neun Eier auf die Kohlen.
„Was machst du denn, Mummi?" fragte Uli-Knulli.

„Ja, heute ist ein verkehrter Tag", seufzte die Mummi. „Aber ich mache Setzei."
„Nein", rief Knulli, „du sollst Spiegelei machen!"
„Nein", schrie Mummi, „ich mache Setzei!"
„Willst du das noch einmal sagen?!" brüllte Uli. „Gleich gibt es einen Backs!"
Da ging die Tür auf, und herein kam der Schimmel. „Streitet euch nicht, Kinder", sprach er gemütlich, „sonst kriegt ihr alle beide Haue. Spiegelei und Setzei ist doch dasselbe. – Nun zieht euch schön warm an, wir fahren nach Feldberg zur Tante Wendel. Ich spanne gleich den Pappa an."
Damit ging der Schimmel in das Schlafzimmer, Mummi und Uli aber hörten eine feine Stimme rufen: „Ich will auch mit! Ich auch!"
„Das ist doch die Miezi!" sagte die Mummi verwundert und zog die Tischschublade auf. Richtig, da lag die Miezi zwischen Löffeln, Gabeln und Messern. „Nein, habe ich schlecht geschlafen!" gähnte sie. „Eine Gabel hat mich in die Seite gestochen, und ein Löffel wollte mir immerzu den Mund auslöffeln."
„Ich will, daß Sie ordentlicher werden, Miezi", sprach die Mummi streng. „Sehen Sie gleich einmal in Ihrem Bett nach: Sicher haben Sie den großen Auffüllöffel in Ihr Bett gelegt und sich statt des Löffels in die Schieblade."
Sie sahen nach – richtig! Der Auffüllöffel lag in Miezis Bett, hatte ihr Nachthemd an und schlief noch fest. „Rut ut de Betten!" rief Miezi und ließ den Wecker klingeln. Da fuhr der Auffüllöffel mit einem silbernen Geklapper aus dem Bett, warf das Nachthemd ab und fing eilig an, das Waschwasser aus der Waschschüssel in den Toiletteneimer zu löffeln. „So waschen sich artige Löffel", sagte er und lachte dazu silbern.
Der Schimmel knallte schon mit der Peitsche. Er saß auf dem Bock, und Pappa stand angespannt mit hängendem Kopf trübselig vor dem Wagen. Als sie aber einstiegen, drehte er listig den Kopf, um zu sehen, wie viele es wären. Denn wenn es zu viele wären, wollte er nicht ziehen.
„Sind alle da?" fragte der Schimmel. „Hüh, Pappa!"
„Halt!" rief die Mummi. „Wo ist denn Tante Palitzsch?"
„Ich bin hier!" rief die Tante mit heller Stimme. „Mich hat

der Schimmel hinten als Katzenauge angemacht, sonst schreibt uns Wachtmeister Heuer in Feldberg auf."
„Und wo ist die Peggi?" fragte die Mummi.
„Peggi ist nicht artig gewesen", sagte Tante Palitzsch, „sie darf nicht mit."
„Was hat sie denn gemacht?" fragte Schwesterchen.
„Sie hat mir nicht die Augen ausgewischt!" rief Tante Palitzsch. „Nun muß sie zur Strafe den Fußboden rein lekken."
„Hüh!" rief der Schimmel, und Pappa fing an zu laufen. Er lief, bis er am Berg bei Schönfelds war. Da bockte er und trat rückwärts, und rückwärts schob er den Wagen auf den Hof.
„Wat is di, Pappa?!" rief Uli und faßte den Vater vorne am Zügel. Hinten knallte die Peitsche mit dem Schimmel, und nun ging es immer schneller durch das Dorf. Die Fenster guckten aus den Leuten und lachten, die Schweine nahmen ihre Mützen ab, und der alte Akazienbaum beim Gemeindevorsteher stand vor Vergnügen kopf, daß sich all seine Wurzeln sträubten.
Als sie nun aus dem Dorf waren, sahen sie bei der alten Weide mitten auf dem Weg eine große Pfütze. „Hüh!" rief der Schimmel und rüttelte die Zügel. Aber es war zu spät: Pappa hatte sich schon der Länge nach in die Pfütze gelegt und wollte nicht wieder aufstehen. „Da hilft alles nichts", sprach der Schimmel. „Da müssen wir eben einmal verkehrte Welt spielen. Wir setzen den Pappa in den Wagen und ziehen."
Alle waren damit einverstanden, und rasch kamen sie so nach Feldberg. Frau Wendel stand schon vor der Tür vom „Deutschen Haus" und rief: „Was denkt ihr Rasselfamilie denn –?! Fix her und die Teller abgewaschen! Es wird höchste Zeit!"
Sie wollten alle ins Haus, da kam Wachtmeister Heuer gegangen. „Wo ist denn das Katzenauge an euerm Wagen?" fragte er.
„Erlauben Sie mal, Herr Wachtmeister", sagte der Schimmel, „ich habe selbst die Tante Palitzsch als Katzenauge angemacht."
„Ich sehe keins", sagte Wachtmeister Heuer. „Seht ihr eins?" Sie sahen auch keins.

„Wo ist es nur?" fragte der Schimmel ängstlich. „Ob die Tante abgefallen ist –?"
Aber sie wachte grade auf. „Entschuldigt bloß", sagte sie und gähnte, „es war so heiß, und der Wagen stuckerte so, da habe ich schnell die Augen zugemacht."
„Ja, wenn Sie die Augen zumachen, kann man freilich kein Katzenauge sehen", sagte der Wachtmeister streng. „Ihr habt kein Katzenauge gehabt – da hilft nun nichts: Ihr müßt alle ins Gefängnis."
„Zu Befehl, Herr Wachtmeister!" riefen sie alle. Aber Frau Wendel sagte: „Lassen Sie doch erst die Teller abwaschen, Heuer!"
„Natürlich", sagte der Wachtmeister. „Abwaschen muß man erst, ehe man ins Gefängnis darf. Ich helfe gleich selber mit."
Da gingen sie in die Küche. In der Küche standen alle Tische und Stühle und der Herd und der Fußboden voller Geschirr. „Oje!" rief Mummi. „Das ist ja ein ziemlich langweiliger Tüterkram, wenn wir das alles abwaschen sollen. Und ich wollte so gerne auf Ihrem Klavier Radio spielen!"
„Nein, das geht ganz schnell", sagte der Pappa und nahm einen Teller. „Das Geschirr ist ja aus Gummi und nicht aus Porzellan." Und damit warf er den Teller durch das offene Küchenfenster in den Haussee. Richtig, schwamm der Teller auf dem See. „Wir werfen einfach das ganze Geschirr in den See. Da wäscht es sich von selbst ab, und nachher fahren wir mit dem Motorboot herum und sammeln es sauber wieder ein", sagte der Pappa.
So taten sie, und die Teller und die Tassen und die Schüsseln und die Aufschnittplatten flogen immer schneller aus dem Fenster, und im See klatschte und spritzte es immerzu, und die Schwäne schwammen ärgerlich zischend fort, denn einen Teller auf den Kopf zu bekommen, auch wenn er bloß aus Gummi ist, ist nicht angenehm.
Plötzlich aber griff Uli-Knulli nach einer ungeheuer großen Suppenterrine. „Nicht die, Uli!" schrie Frau Wendel. „Die ist bestimmt aus Prozellan und geht kaputt."
Aber Uli hatte schon geworfen, und er hatte der Terrine solchen Schwung gegeben, daß sie weit über den See fortflog. Sie stieg noch immer höher und höher und hörte nicht eher

auf mit Steigen, bis sie als lieber Mond am Himmel leuchtete.
„O Gott, o Gott!“ rief Frau Wendel. „Ich sage es ja, immer diese ollen Jungens! Meine schöne Terrine! In was soll ich denn nun meine Suppe tun?!“
„Da hast du aber was angerichtet, Junge“, sagte der Wachtmeister. „Gleich holst du die Terrine wieder!“
Und Uli besann sich auch nicht lange, sondern er trat vorsichtig auf die glänzende Strahlenbahn, die vom Mond übern See bis ans Küchenfenster lag. Als er aber merkte, sie hielt, ging er immer kecker und schneller weiter und höher. Als das die andern sahen, besannen sie sich nicht lange, sondern stiegen hintennach. Zuerst das Schwesterchen und dann die Miezi und Mummi und der Pappa und Wachtmeister Heuer und Frau Wendel, und ganz zuletzt ging der Schimmel. Der aber hatte sich Tante Palitzsch als Katzenauge an die Hinterbacken gemacht. „Denn mich soll keiner anfahren!“
So stiegen sie immer höher und höher, und zuerst lag das Hotel „Deutsches Haus“ ganz klein unter ihnen, und dann das ganze Städtel Feldberg mit seinem roten, spitzen Kirchturm, und dann die große, liebe, dunkle Erde. Und nun kamen sie den Sternen immer näher, sie wurden größer und groß und funkelten und strahlten unbeschreiblich.
Da waren sie im Monde angelangt, das heißt, in Frau Wendels Suppenterrine, die vom Fliegen so ausgeweitet war, daß alle bequem darin Platz hatten.
„Oje, die ist aber nicht sehr fest angemacht!“ rief Uli, denn die Terrine wackelte, als er hineintrat. Da sahen sie genauer hin und merkten, die Terrine hing in einem großen, leuchtenden Netz von weißen Strahlen.
„Ich will schaukeln!“ rief das Schwesterchen, und schon fingen Uli und Schwesterchen an, in der Terrine zu schaukeln, und die andern schaukelten mit. Und sie schwangen herrlich durch den ungeheuren Himmel, und einmal waren sie nahe der Erde und dem Städtchen Feldberg und dem Haussee, und dann waren sie wieder unendlich weit fort, ganz allein zwischen den strahlenden Sternen.
„Nicht so toll!“ mahnte die Mummi. „Ihr stoßt ja an die Sterne.“
Aber sie schaukelten immer wilder und wilder und stießen

einen Stern um und einen zweiten und einen dritten und viele, viele. Die umgestoßenen Sterne aber fielen leuchtend durch den Himmel und verschwanden ferne in der Nacht.

„Haltet ein! Haltet ein!“ rief die Mummi angstvoll. „Herr Heuer soll uns festhalten!“

Aber da rissen die silbernen Strahlen, an denen die Schüssel hing, und alle zusammen – Uli und Schwesterchen, Miezi und Herr Heuer, Pappa und Mummi, Frau Wendel und Tante Palitzsch, der Schimmel und die Schüssel – fielen, fielen, fielen in den Haussee.

„I gitt, ist das naß!“ rief die Mummi und machte die Augen auf. Da war es früher Morgen, und Uli stand vor ihrem Bett, seinen nassen Waschlappen in der Hand, und sagte: „Nun wird es aber Zeit, daß du aufwachst, Mummi. Habe ich dich nicht schön naß aufgeweckt?“

„Gott sei Dank!“ sagte Mummi. „Es war alles bloß ein Traum! Das ist nur gut. Der Tag war mir ein bißchen zu verkehrt.“

Geschichte vom getreuen Igel

Es war einmal ein Mann von der Stadt aufs Land gezogen, der kannte die Igel noch nicht und wußte nicht, was sie für getreue Gesellen sind. Als der nun eines Abends zur Dämmerung in seinem Garten spazierenging, hörte er unter den Büschen etwas rascheln, und als er genauer hinsah, schien da ein graues spitzes Osterei auf kurzen Beinen einherzutorkeln.

„Höre mal, was willst du denn hier? Dies ist mein Garten!" rief er, aber das spitze Osterei huschte geschwind in ein Erbsenbeet und ließ sich an diesem Abend nicht wieder sehen.

Das nächste Mal war der Mann beim Himbeerpflücken. Da wackelten die dichtstehenden Himbeeren, und ehe sich der Mann versah, war etwas Graues, Spitzes über den Weg gelaufen und zwischen den Spargelbeeten verschwunden.

„Nun schlägt es aber dreizehn!" sprach der Mann. „Das sah ja genau wie ein klimperkleines Wildschwein aus! Sollte ich Schweine in meinem Garten haben? Das wäre doch unerhört!" Und er ging den Zaun ab, der um Haus und Hof und Garten lief, aber der Drahtzaun war neu und gut und kein Loch darin zu finden. „Es ist unerhört!" schrie der Mann noch einmal. „Ich füttere in meinem Garten keine wilden Tiere!"

Als der Mann an diesem Abend, es war schon fast dunkel, aus dem Haus in den Garten trat, sah er auf dem Rasen etwas Rundes, Weißes stehen. Und in das Runde, Weiße reichte etwas spitznäsig Schwarzes und fraß. „Du glaubst es nicht!" seufzte der Mann aus der Stadt empört. „Nun frißt der fremde Bursche noch meinem guten Hunde Lümmel das Futter weg!" Und er ging schnell, den Hund Lümmel zu rufen. Als er mit dem aber zurückkam, war der fremde Gast schon fort, und der Futternapf war leergeschleckt.

„Das gefällt mir aber auf dem Lande gar nicht", seufzte da der Mann. „In der Stadt habe ich höchstens einmal eine Maus in der Speisekammer. Hier auf dem Lande aber stehlen die Tauben Erbsen, und die Hühner scharren die Beete auf. Die Stare picken die Kirschen, die Frösche fressen die Erdbeeren und die Wespen die Birnen. Maden sitzen in den Himbeeren, Raupen nagen am Kohl, und Würmer fressen mir die Kartoffeln. So viel Ungeziefer, daß ich es gar nicht sagen kann, muß ich in meinem Garten miternähren – und nun will ein fremder Bursche, der wie ein spitzes Osterei aussieht, auch noch meinem Lümmel die Schüssel leerfressen? Nein, das dulde ich nicht!"

Und er ging und suchte, wo er das fremde Tier fände, aber soviel er auch suchte, er fand es nicht. Als aber der Mann müde im Bett lag, konnte er nicht einschlafen, denn der Hund auf dem Hofe bellte und jaulte wie rasend. Was hat denn Lümmel bloß? überlegte der Mann. Er macht ja ein Getöse, daß man kein Auge zutun kann! Ich muß doch einmal sehen, was los ist. Seufzend stand er auf, und weil es eine warme Sommernacht war, ging er, wie er war, nämlich im Hemd und mit bloßen Füßen, auf den Hof.

Es stand ein bißchen Mond am Himmel, so konnte der Mann sehen, daß ein graues Häufchen auf dem Hofpflaster lag. Und der Lümmel sprang mit einem Satz auf das Häufchen zu, wollte hineinbeißen, jaulte schmerzlich und sprang wieder zurück. Von neuem sprang er vor, schlug diesmal mit der Pfote danach, jaulte abermals vor Schmerzen ...

„Was ist denn das für ein komisches Häufchen?" fragte der Mann und stieß mit dem Fuß danach. Der Fuß war nackt. „Aua!" schrie der Mann. „Wer hat denn hier Stacheldraht auf den Hof gelegt?" Und er griff mit der Hand zu. „Aua! Aua! Aua!" schrie der Mann wieder. „Wollen Sie mal nicht so pieken, Sie – auf meinem Hof!" Und der Mann hätte am liebsten gejault wie der Hund.

Indes bekam der Stacheldraht vier Beine, raschelte und lief um die Ecke vom Holzschuppen.

„Lümmel!" sprach der Mann zum Hunde. „Jetzt weiß ich es. Ich habe solche Tiere schon in Bilderbüchern gesehen, das ist ein Igel!"

Lümmel blaffte, das konnte ja heißen.

„Ein Stacheligel, ein ganz gewöhnlicher Schweinigel", sprach der Mann. „So was wollen wir nicht bei uns haben: Es piekt und frißt dein Futter weg – nicht wahr, nein –?"

Lümmel blaffte wieder.

„Komm, wir wollen den ollen Igel suchen und aus dem Garten schmeißen", sprach der Herr, machte die Tür zum Garten auf, und Herr und Hund gingen in den Garten. Nun war der Garten sonst dem Hunde streng verboten, weil er sich nicht daran gewöhnen konnte, manierlich auf den Wegen zu gehen, sondern immer auf die Beete trat. Aber an diesem Abend war es dem Manne egal. „Such, Lümmel, such, guter Hund!" sagte er, und Lümmel lief über die Beete und zertrat junge Pflanzen, so viele, wie zehn Igel in zehn Jahren nicht zertreten.

Schließlich fanden sie den Ingel im Obstgarten, wo er mit viel Schmatzen eine dicke, überreife, matschige Fallbirne verzehrte. Als der Igel aber die beiden kommen hörte, rollte er sich schnell zu einer Stachelkugel zusammen.

„Siehst du, Lümmel", sprach der Herr traurig zu seinem Hunde, „was das für ein häßlicher Igel ist: Nicht nur dein Futter, nein, auch meine schönen Birnen frißt er weg. Den müssen wir ausrotten. Aber wie –?"

Darauf wußte Lümmel keine Antwort, er jaulte bloß, denn wegen der scharfen Stacheln traute er sich nicht mehr an den Igel heran. Der Mann traute sich auch nicht mehr an den Igel heran, darum stand er eine lange Weile und dachte scharf nach. Als er lange genug nachgedacht hatte, sagte er freudig: „Mir ist etwas Gutes eingefallen, Lümmel: Wir hungern den Igel aus! Jetzt gehe ich in den Holzstall und hole eine alte Kiste. Die stülpen wir über den Igel, und wenn er dann drei Nächte und drei Tage darunter gesessen hat, wird er wohl verhungert sein!"

Lümmel blaffte. Der Mann nahm es für ja und ging zum Holzschuppen. Als er aber zehn Schritte gegangen war, merkte er, daß der Hund hinter ihm ging. Da sprach er: „Nicht so, mein Lümmel! Du mußt bei dem Igel sitzen bleiben und aufpassen, daß er nicht wegläuft, während ich die Kiste hole."

Und er ging zurück mit dem Hund zum Igel, hieß den Hund, sich vor den Igel hinsetzen, und ging wiederum, die Kiste holen. In dem dunklen Holzstall aber erfuhr der Mann nichts Gutes: Eine Kiste fiel ihm auf den nackten Fuß und quetschte ihn, an der zweiten Kiste riß er sich einen Splitter ein, die dritte Kiste stach ihn mit einem Nagel. „Ach, was für ein böses Tier ist doch solch ein Igel!" seufzte der Mann. „Die Leute haben ganz recht, wenn sie ihn

Schweinigel nennen." Damit nahm er die vierte Kiste und ging in den Obstgarten unter den Birnbaum.
Aber da waren weder Igel noch Hund zu sehen. Der Mann guckte, so gut er gucken konnte, er pfiff und lockte, so gut er locken konnte, aber nicht Hund noch Igel meldeten sich.
Der Mann stellte die Kiste ab, seufzte schwer und sprach: „Was ist denn nun bloß wieder passiert? Sicher ist der Igel weitergegangen und der Lümmel hinterher, aber jetzt könnte er sich doch einmal mit Bellen melden."
Er suchte und suchte im Garten, aber er fand nichts. Schließlich wurde er des Suchens müde, die nackten Füße waren vom Tau naß, und er fror in seinem Hemde. – Jetzt lege ich mich ins Bett, werde warm und schlafe, dachte der Mann. Der Lümmel wird schon auf den Igel achten.
Als der Mann ins Haus ging, dessen Tür er vorhin in der Eile offengelassen hatte, hörte er in der Küche großes Gepolter und dann fürchterliches Geklirr von zerbrechendem Geschirr. Und als er Licht machte, sah er seinen eigenen Hund, den Lümmel, der war über die Milch geraten, hatte den Kalbsbraten angebissen, die Schüssel mit den Bohnen vom Tisch gestoßen, ein Vorderbein in den Schmalztopf, ein Hinterbein ins Blaubeerkompott gesteckt; mit dem Schwanz war er am Fliegenfänger klebengeblieben, und die Nase hatte er in die Quarkschüssel getaucht.
„I du elender Hund!" schrie der Herr zornig. „Hat der alte Schweinigel dich solche Gemeinheiten gelehrt? Warte, ich will dir!" Und er fuhr mit dem Besen auf den Hund los. Der Lümmel, weil er sah, es sollte Prügel geben, und zwar gesalzene, weil er noch sah, der Herr stand in der Tür und ließ ihn nicht raus, der Lümmel tat einen Sprung und fuhr mit einem fürchterlichen Wehgeheul durch die Fensterscheibe, die klirrend zerbrach. Dann rannte er in die Nacht hinaus und hörte nicht eher auf zu rennen, bis weder Haus noch Licht noch Mensch zu sehen waren.
Der Mann aber räumte seufzend und müde die verwüstete Küche auf und sprach bei sich: „Eigentlich bin ich ja schuld, ich hätte die Küchentür zumachen müssen. Aber eigentlich ist doch allein der alte Igel schuld: Wäre der nicht über den Hof gelaufen, hätte der Hund nicht gebellt. Hätte der Hund nicht gebellt, wär ich nicht aufgewacht. Wär ich

nicht aufgewacht, wär ich nicht auf den Hof gegangen. Wär ich nicht auf den Hof gegangen, hätt ich die Küchentür nicht aufgemacht. Hätt ich die Küchentür zugelassen, hätt der Hund nicht reingekonnt. Hätt der Hund nicht reingekonnt, wär alles heil geblieben. Weil also der Igel über den Hof gelaufen ist, ging mein Geschirr entzwei, und mein schönes Essen wurde verdorben. Na, warte, alter Igel, wenn ich dich erwische!" Damit gähnte der Mann nochmals, ging ins Bett, wurde warm und schlief ein.

Am nächsten Morgen war Lümmel wieder da; er wackelte mit dem Kopf, kniff die Augen zu und klemmte den Schwanz ein, als der Herr strafend zu ihm sagte: „Lümmel, ich glaube, du bist ein rechter Höllenhund!" Aber dann besann sich der Mann und sprach: „Aber der Schweinigel, der an allem schuld ist, der ist ein wahrer Höllenfürst!" Damit ging der Mann an seine Arbeit und dachte an den Abend, wo er den Igel fangen wollte. Lümmel aber schlief nach der durchbummelten Nacht friedlich in seiner Hütte und bellte nur manchmal leise im Schlaf, wenn durch seinen Traum ein spitzes Osterei auf vier Beinen wackelte.

Als nun der Mann zu Abend gegessen hatte und es schon fast dunkel war, steckte er eine Lampe in die Tasche und begab sich zu dem Birnbaum, unter dem er am gestrigen Abend die Kiste hatte stehenlassen. Sie stand noch da – aber neben ihr saß wahrhaftig dieses freche Igeltier und fraß schon wieder eine Birne –!

„Halt!" sprach der Mann bei sich. „Die Kiste steht bereit, weg kommt mir dieser Bursche nicht, so kann ich erst einmal zusehen, wie viele Birnen er mir in seiner Unverschämtheit wegfrißt."

Der Mann stand und wartete, der Igel saß und fraß. Der Mann hatte es eigentlich eilig, ins Bett zu kommen, der Igel hatte alle Zeit – er fraß mit viel Genuß und schmatzte dabei wie ein Schweinchen. „Alter Schweinigel", sagte der Mann. „Viele Birnen sollst du mir nicht mehr wegschmatzen."

Als der Igel die Birnen aufgefressen hatte, legte er sich ins Gras auf den Rücken und streckte die Beine zum Himmel. „Nanu!" sagte der Mann. „Das ist ja ein unglaubliches Benehmen! Dir scheint es ja in meinem Garten sehr gut zu gefallen." Der Igel, als hätte er das verstanden, fing an, sich im Grase zu wälzen, und quiekte leise und vergnügt dabei.

„Immer schöner!" sprach der Mann grimmig. „Unter meiner Kiste wird dir das Wälzen schon vergehen."
Der Igel stand auf und fing an weiterzumarschieren. „Was denn?" sagte der Mann. „Der sieht ja plötzlich ganz anders aus. Der hat ja lauter Buckel!" Und er knipste seine Taschenlaterne an, den Igel abzuleuchten. Sofort schrie er: „Halt, du böser Birnendieb!" Auf der Stelle rollte sich der Igel zusammen. Der Mann ging an ihn heran, und da sah er nun freilich, daß der Igel ein noch viel böserer Birnendieb war, als er geglaubt hatte. Denn der Igel hatte sich nicht nur zum Vergnügen im Grase gewälzt, er hatte sich dabei fünf schöne, reife Birnen auf die Stacheln gepiekst. Die wollte er nun wohl als Nachtessen in seinen Bau tragen.
„Igel!" sprach der Mann zu dem zusammengerollten Stacheltier. „Böser Igel, Diebsigel, Birnendiebsigel, Fallbirnendiebsigel – ach, du alter böser Schweinigel, jetzt mußt du verhungern und sterben!" Damit nahm er die Kiste, rief noch einmal: „Siehste, nun kommst du unter die Kiste!" und stülpte sie über den Igel.
Danach ging der Mann ins Haus und legte sich vergnügt zu Bett. Als er aber grade im Einschlafen war, fiel ihm ein, daß er es doch falsch gemacht hatte. Er hatte dem Igel ja die Birnen auf den Stacheln gelassen, da würde es zu lange dauern, bis er verhungerte. „Nein, was man für Scherereien mit solchem Igel hat!" seufzte er, stand auf und ging wieder in den Garten.
Unter der Kiste raschelte es und quiekte es. Der Mann klopfte gegen die Kiste. „Du", sprach er mahnend, „ein Gefangener hat leise und anständig zu sein. Roll dich jetzt wieder zusammen, sonst läufst du mir noch weg, wenn ich die Kiste hochhebe." Er horchte: Unter der Kiste war es ruhig. Er hob sie vorsichtig hoch, richtig saß der Igel zusammengerollt darunter. „Na, das ist ja schon ganz artig", sprach der Mann. „Aber jetzt ist es freilich mit dem Artigsein zu spät, sterben mußt du doch." Damit sammelte er die Birnen auf, von denen einige schon aus den Stacheln gefallen waren, stülpte die Kiste wieder über, ging ins Haus, legte sich zu Bett, machte das Licht aus und schlief ein – sehr zufrieden mit dem, was er vollbracht hatte.
Den ganzen nächsten Tag war der Mann sehr vergnügt; immer einmal ging er von seiner Arbeit in Haus oder Garten

fort und zur Kiste. Dann klopfte er mit dem Finger gegen die Kiste und horchte, aber es rührte sich nichts darunter. Sicher ist der Igel schon vor Hunger schwach und entkräftet, daß er sich nicht mehr rühren kann, überlegte der Mann. Aber hoch hebe ich die Kiste jetzt lieber noch nicht. Vielleicht beißt er mich vor Wut ins Bein, und vielleicht ist solch Wutbiß giftig, und vielleicht sterbe ich daran, und vielleicht bin ich dann noch eher tot als der Igel. Nein, das wollen wir mal lieber nicht machen!

Damit ging der Mann wieder an seine Arbeit, und so machte er es drei volle Tage, bis er sicher war, daß der Igel jetzt vor Hunger gestorben sein mußte. Da ging er hin, und leise – vorsichtig – sachte – still – behutsam – ängstlich hob er die Kiste hoch und sah darunter. Und unter der Kiste war – – – nichts!

„Nanu!" sagte der Mann, kratzte sich die Nase und sah den leeren Grasfleck an. Aber es war wirklich gar nichts da. Sollte der Igel vor Hunger ganz zu Luft geworden sein? fragte sich der Mann. Aber das hatte der Igel nicht getan, sondern als der Mann genauer hinsah, merkte er, daß der Igel sich ein Loch unter der Kiste durchgegraben hatte und ausgerissen war.

Nein, dieser Heimtücker! wunderte sich der Mann. Darum war es so still unter der Kiste!

Da habe ich mich also drei Tage umsonst gefreut, ärgerte sich der Mann. Das ist wirklich ein Jammer!

Aus meinem Garten wird er aber ausgezogen sein, tröstete er sich. Er hat sicher eingesehen, daß ich mir seine Frechheiten nicht gefallen lasse.

Darin aber irrte sich der Mann. Er wußte eben noch nicht, was für getreue Gesellen die Igel sind. –

An einem schönen, stillen Abend saß der Mann nun recht zufrieden, seine Pfeife rauchend, auf einer Bank, die beim Komposthaufen stand. Oben auf dem Komposthaufen wuchsen Gurken, unten auf der Bank saß rauchend der Mann. Morgen könnte es ein bißchen regnen, überlegte der Mann. Das ewige Gießen ist mir schon recht über. Aber für meine Gurken ist es mir nicht über – ich will die allerlängsten und allerdicksten Gurken von allen Leuten ernten. Wirklich hingen sehr schöne große Gurken da oben, aber der Mann wollte sie noch schöner und dicker.

Grade als der Mann dies überlegte, raschelte es oben und – pardautz! fiel eine Gurke von dem hohen Komposthaufen auf die Erde. „Das verbitte ich mir!“ rief der Mann und nahm die Pfeife aus dem Munde. „Ihr habt zu wachsen, nicht abzufallen, ihr Gurken!“ Er bückte sich nach der Gurke, oben raschelte es wieder und – plautz! – fiel ihm eine zweite Gurke auf den Rücken, daß es knallte. „Aua!“ schrie der Mann. „Das tut ja weh!“ Und er rieb sich den Rücken.
Oben raschelte es noch einmal, aber diesmal fiel nichts, nein, es war, als wenn etwas fortlief. Diebe! dachte der Mann. Gurkendiebe! Und er lief schnell um den Haufen herum. Er sah nichts, der Haufen war zu hoch. „Hallo, Sie!“ schrie der Mann. „Gehen Sie mal raus aus meinen Gurken, sonst rufe ich die Polizei.“
Plautz, pardautz fiel etwas aus dem Komposthaufen heraus, und als der Mann es ansah, war es wieder einmal der Igel. „Dachte ich es mir doch!“ sagte der Mann empört. „Nun sind meine Birnen gepflückt, da gehst du an meine Gurken. Sind meine Gurken alle, wirst du die Kürbisse nehmen. Kürbisernte vorbei – machst du dich an die Rüben. Rüben alle, heißt's Kartoffeln. Kartoffeln ausgebuddelt, ist der Winter da, und du willst womöglich in mein warmes Haus. Nichts da – jetzt ist es völlig alle mit dir – aber unter eine Kiste setze ich dich nicht wieder. Mir sollst du nicht noch einmal ausreißen!“
Damit nahm der Mann eine Schaufel, schob sie unter die Stachelkugel und trug den Igel hinunter an den See und legte ihn ins Boot. Dann ruderte er ein weites Stück auf den See und warf den Igel ins Wasser. „So“, sagte er, „du bist weg. Meinetwegen können sich die Fische deine Stacheln in ihre Mäuler pieken.“ Dabei fiel ihm ein, daß er gut einmal wieder nach seiner Aalreuse sehen könnte. Er ruderte hin, zog sie hoch, und richtig waren zwei schöne, starke Bengel darin. Das geht ja großartig, dachte der Mann. Erst die Gurken, nun die Aale. Grünen Aal mit Gurkensalat eß ich für mein Leben gerne.
Er ruderte vergnügt nach Haus, nahm in jede Hand einen Aal, stieg ans Ufer, ging zum Haus hinauf – wer steht im Wege?
Der Igel! Der Igel – noch ein bißchen naß, aber sonst sehr vergnügt.

Vor Schreck läßt der Mann die Aale fallen, der Igel quiekt und rennt unter einen Rosenbusch, die Aale schlängeln sich fort ins Gras, der Mann schreit und rennt dem Igel nach in den Dornenbusch, wo er sich jämmerlich zersticht und zerkratzt. Die Aale sind fort, der Igel ist verschwunden, aber der Mann hat blutige Hände. Der hat nicht gut geschlafen, diese Nacht!

Nun hatte dieser Mann aus der Stadt etwas in seinem Garten, das er noch mehr liebte als seine Birnen und Gurken. Das war ein kleiner Steingarten, den er sich am Wasser gebaut hatte. Schwitzend hatte er aus eigener Kraft in einer Karre große Feldsteine herangefahren und zu einem Mäuerchen aufeinandergesetzt. In die Fugen zwischen den Steinen hatte er Sand und Erde getan und allerlei Gewächs darin eingepflanzt und ausgesät, wie es am liebsten zwischen Steinen gedeiht. Und nun blühte und wuchs das Mäuerchen herrlich mit vielen Pflanzen, die so hießen wie: Gänsekresse und Sandmiere, Wohlverleih und Sterndolde, Lichtblume, Besenheide, Lerchensporn und Mädchenauge.

In diesem Steingärtlein, das ihm doch gar keine Früchte trug, saß der Mann gerne einmal ein halbes Stündchen, ruhte sich von seiner Arbeit aus, ließ sich von der Sonne braten und sah abwechselnd die blühenden Kräutlein an oder auf den See hinaus, der im Sonnenlicht glänzte und strahlte wie ein großer Spiegel.

Am Tage nach dem schlimmen Abenteuer mit dem Igel, der ihm wieder in den Garten geschwommen war, saß der Mann auch wieder dort und ruhte sich aus. Da sah er, daß ein Pflänzlein, namens Helmkraut, in seiner Steinfuge die dunkelblauen Blütchen so traurig hängen ließ, als wolle es völlig vertrocknen. Er ging näher und bemerkte ein Loch, das bei den Wurzeln des Pflänzchens in die Erde ging. „Oh, diese bösen Mäuse!“ sprach er recht traurig. „Fressen sie dir deine Wurzeln ab, ohne die du doch nicht leben kannst, armes Helmkraut?“ Und er stocherte mit seinem Finger in dem Loch.

Aber er fuhr angstvoll zurück, denn aus dem Loch kam ein böses, scharfes Zischen, und hervor fuhr ein kleiner Kopf mit rötlich funkelnden Augen, weit geöffnetem Maul, und zwischen den aufgesperrten Kiefern tanzte eine zweiteilige, dünne Zunge. Nach schob der Leib, grau, mit einem scharfen Zickzackband den ganzen Rücken entlang, und jetzt war die ganze Schlange draußen, und voller Angst sah der Mann, daß es eine Kreuzotter war, die böseste und giftigste Schlange, die im deutschen Lande lebt, so giftig, daß ein einziger Biß von ihr einen Mann töten kann.

Diese Kreuzotter war aus dem Loch gefahren, wütend, daß der Mann sie gestört hatte, und hoch aufgerichtet ließ sie den Kopf vor seinen Beinen auf und ab tanzen, jederzeit bereit, zuzubeißen. Der Mann aber stand da, in Angst vor dem Biß der Schlange, und konnte gar nichts tun. Versuchte er nur, den Fuß zu rühren, um wegzulaufen, so brachte das die Schlange in neue Wut, und sie stieß vor mit dem Kopf, und ihr tödlicher Biß drohte ihm. Er aber hatte nichts zur Waffe als seine nackten Hände, um zuzugreifen, aber mit nackten Händen kann man nicht nach einer Schlange greifen, ohne gebissen zu werden.

Also stand der Mann voller Schrecken bewegungslos da, und er dachte bei sich: Wenn ich nur ganz unbeweglich stehe, so hält die Schlange vielleicht meine beiden Beine für zwei Baumstämme oder Stöcke, und nach einer Weile läßt ihre Wut nach, sie geht in ihr Loch zurück, und ich kann fliehen.

Die Schlange aber tanzte immer weiter zornig vor seinen Beinen, bedrohte ihn mit ihrem Maule und hielt ihn in großer Angst. Da dachte der Mann wieder bei sich: Ich kann hier nicht mehr lange ohne alle Bewegung stehen. Schon schlafen meine Füße ein, und die Waden tun mir weh. Ich muß mich rühren. Wenn ich mich aber rühre, beißt mich die Schlange, und ich muß sterben. Da habe ich mich nun die ganze Zeit hier über alles und jedes geärgert, über jede Fliege, alle Mücken und Wespen, über den Igel und über die Raupen, über Wasserschleppen und abgefallene Gurken. Alle Tage habe ich mich geärgert. Wenn ich mich alle Tage gefreut hätte, hätte ich doch ein vergnügtes Leben gehabt. So habe ich mich jeden einzigen Tag geärgert und habe nur ein dummes Leben gehabt. Wenn ich dieses Mal noch heil davonkomme, will ich mich gewiß nicht wieder so oft ärgern, sondern lieber alle Tage freuen.

Als der Mann sich das vorgenommen hatte, hörte er ein Rascheln, und unter einem Strauch kam der Igel hervor. Mach,

daß du wegkommst, Igel, dachte der Mann, sonst wirst du auch gebissen und mußt sterben.
Aber der Igel raschelte ruhig weiter. Im Zickzack torkelte er auf die böse Kreuzotter zu, und er sah aus, als sei er gewaltig wütend, so dick hatte er die Kopfhaut gefaltet, und so spitz trug er seine Stacheln. Er ging immer näher an die Schlange heran, und die tanzte schon nicht mehr vor dem Manne, sie hielt den Kopf auf den Igel zu und fauchte ihn wütend an. Der Igel aber kümmerte sich gar nicht darum, er hatte keine Angst, und als er bei der Schlange war, beroch er sie mit seiner schwarzen, feuchten, spitzen Nase. Schwapp! – hatte sie ihn hineingebissen.
Armer Igel! dachte der Mann und machte schnell einen großen Satz von der Kreuzotter fort. Jetzt mußt du sterben. Aber der Igel schüttelte nur den Kopf und fing an, sich gemütlich die gebissene Nase zu lecken. Schwapp! – hatte ihn die Schlange in die Zunge gebissen.
„Oh! Oh! Oh!" rief der Mann, der jetzt aus sicherer Ferne zuschaute. „Du armer, vergifteter Igel, du!"
Der Igel zog die Zunge ein, guckte die Schlange an und fing wieder an, sie zu beriechen, als rieche sie so schön wie ein Blumenstrauß.
Schwipp – Schwapp – Schwupp!!! Hatte er drei Bisse im Kopf.
„Hin bist du, Igel!" sprach der Mann traurig und wunderte sich bloß, daß der Igel nicht tot umfiel. „Weil du mich aber gerettet hast, will ich dich auch schön begraben unter meinem Birnbaum."
Der Igel sperrte das Maul auf, als müßte er gähnen über diese langweilige Schlange, die nichts konnte als zischen und beißen, und – schwuppdiwupp! – hatte er die Kreuzotter im Maul, biß zu, kaute los – und die Schlange mochte ihren Leib drehen und winden, soviel sie wollte, der Igel fraß sie auf, vom Kopf bis zu der Schwanzspitze. Dann legte er sich in die Sonne und schlief ein.
Der Mann ging hinzu. Es war ihm ganz egal, daß die Stacheln stachen, er nahm den Igel in seine Hände, trug ihn ins Haus, legte ihn in eine Kiste, die er schön mit Heu gepolstert hatte, setzte ihm Milch in einem Schälchen hin und sprach dabei: „Oh, du getreuer Igel! So oft habe ich dich mit dem Tode bedroht und aus dem Garten gewünscht. Du

aber bist immer wiedergekommen und hast mir nun sogar das Leben gerettet. Wenn du am Leben bleibst, sollst du mein liebster Geselle sein, bei mir wohnen dürfen, und die allerbesten Birnen und Gurken sollst du auch haben."
Der Igel aber hörte von der ganzen schönen Rede nichts, denn er schlief. Aber er blieb wirklich am Leben, denn Schlangengift tut den Igeln nichts, und er lebte mit dem Manne im Haus und ging überall mit ihm. Da lernte der Mann, was für nützliche Gesellen die Igel sind, die nicht nur die Schlangen töten, sondern auch Mäuse und Käfer und Raupen und Ohrwürmer. Da wurde der Igel, den er erst hatte töten wollen, sein liebster Freund. Auch hielt der Mann sein Versprechen: freute sich mehr und ärgerte sich weniger, so hatte er ein gutes Leben.
Nur eines tat der Mann nicht: Er ließ den Igel nicht mit sich im Bette schlafen. Und das kann man nicht übelnehmen: Als Schlafgefährte war der Igel zu stachlig, auch hatte er wie alle Igel viele Flöhe.

Geschichte vom Nuschelpeter

Es war einmal ein Junge, der war gar nicht mehr ganz klein und hieß Peter. Aber im ganzen Dorf nannten sie ihn nur den Nuschelpeter, weil er niemals ordentlich und deutlich sprach. Sondern er redete, als hätte er eine Riesenkartoffel im Munde. Und hundertmal konnten ihm Vater und Mutter sagen: „Peter, sprich deutlich!“ – Peter nuschelte weiter, und es war ihm egal, ob ihn die Leute verstanden oder nicht.

An einem Tage hatten nun die Kinder schulfrei, weil ihr Lehrer krank war, und Peter wäre gern zum Spielen gegangen. Aber die Mutter sagte: „Peter, ich will heute Musklöße machen. Lauf schnell zum Kaufmann Möbius und hole ein Pfund Pflaumenmus.“ Damit gab sie ihm einen Henkeltopf und ein Fünfzigpfennigstück, und Peter ging los.

Er lief aber gar nicht schnell, und als er zu dem Kreuzweg kam, wo rechts der Weg nach Drewolke und links der Weg nach Gooren abgeht, blieb er ganz stehen. Denn es kam ein Auto langsam dahergefahren, und am Steuer saß ein Mann mit einem roten Bart. Der fuhr noch langsamer, als er den Peter sah, und rief: „Junge, ich bin der Doktor und muß zu einer kranken Frau nach Gooren. Da geht's doch hier lang?“ Und der Mann zeigte auf den Weg nach Drewolke.

„Da geht's nach Drewolke!“ rief der Nuschelpeter.

Der Doktor aber verstand ihn wegen seines Nuschelns falsch, rief: „Das sage ich ja!“, gab Vollgas und haute ab auf dem Weg nach Drewolke, obwohl er doch nach Gooren wollte. Das ist eine schöne Bescherung! dachte der Junge. Aber ich bin nicht schuld daran.

Damit guckte er dem Auto nach, bis auch der letzte Staub sich gelegt hatte. Dann ging er weiter zum Kaufmann Möbius. Als er fünfzig oder einundfünfzig Schritte gegangen war, begegnete ihm die Frau Gemeindevorsteher, die es eilig hatte. Im Vorbeigehen rief sie: „Peter, ich will zu deinem Vater, ist er zu Haus?“

Peter nuschelte: „Vater ist aus“, aber die Frau Gemeindevorsteher verstand: „Vater ist zu Haus“, rief: „Schön, dann treffe ich ihn ja“, und lief noch schneller.

Nuschelpeter sah ihr nach. Das ist eine schöne Bescherung, dachte er. Aber ich bin nicht schuld daran.
Damit ging er weiter und kam zu einer Scheune, die mit Stroh gedeckt war. Auf dem Scheunendach saß der Dachdecker und flickte die Löcher mit Stroh aus. Die lange Leiter aber lehnte am Dach. Peter guckte dem Dachdecker eine Weile bei seiner Arbeit zu. Plötzlich sah er, wie aus dem Hof der Bulle kam, der sich losgerissen hatte und grade auf die Leiter zulief. Da schrie Nuschelpeter: „Paß auf, der Bulle kommt!" Und versteckte sich hinter der Mauer.
„Was?!" rief der Dachdecker. „Der Olle kommt? Den wollte ich ja grade sprechen!" Und er stieg oben auf die Leiter, indes unten der Bulle dagegenstieß. Die Leiter fiel um, der Dachdecker fiel mit und sauste in großem Bogen in einen Lindenbaum, in dem er schreiend hängenblieb.
Als Peter das sah, bekam er es mit der Angst und lief fort. Im Laufen aber dachte er: Das ist eine schöne Bescherung. Aber ich bin nicht schuld daran.
Indem wurde Peter hinter einer Hecke hervor angerufen, und als er hinter die Hecke sah, stand da ein ganz alter Bettler, der sagte: „Junge, hast du nicht ein bißchen zu trinken für mich in deinem Topf?"
Darauf nuschelte Peter: „Im Topf ist bloß Luft."
Da rief der Bettler wütend: „Ich bin doch kein Schuft!"
„Luft! Luft!! Luft!!! Bloße Luft!" rief Peter ängstlich.
„Schuft! Schuft!! Schuft!!! Hosenschuft!" schrie der Bettler wütend. „Warte, dafür hau ich dich, Junge!"
Da mußte Peter laufen, und der Bettler lief hinterher. Während sie aber liefen, schrie Peter wieder: „Ich habe bloß Luft gesagt!"
Schrie der Bettler: „Sollst aber nicht Schuft sagen!" und lief schneller.
Fiel der Peter über einen Stein, schrie: „Aua!"
Rief der Bettler: „Ja, Haue gibt's!"
War der Topf kaputtgefallen.
Der Peter schrie, der kranke Lehrer sah aus dem Schulfenster und rief: „Wollen Sie mal den Jungen nicht hauen!"
Da lief der Bettler weg, denn er hatte Angst vor dem Lehrer.
„Peter, komm mal her!" befahl der Lehrer.
Peter kam heulend ans Fenster, hatte den Topfhenkel, aber

ohne Topf, in der Hand und in der andern Hand seinen Fünfziger.
„Hast du den Topf zerbrochen?“ fragte der Lehrer.
„Für Pflaumenmus!“ heulte Peter.
„Was ist mit deinem Fuß?“ fragte der Lehrer. „Zeig mir den Fuß mal!“
„Pflaumenmus!“ heulte Peter lauter.
„Ja, ja. Nun zeig doch den Fuß!“ sagte der Lehrer ärgerlich.
„Pflaumenmus!“ schrie der Peter ganz laut.
„Wenn du jetzt deinen Fuß nicht sofort zeigst“, sprach der Lehrer ernst, „gibt's ein paar hinter die Ohren, Peter!“
So mußte der Peter den Fuß herzeigen, obwohl er gar nichts daran hatte. „Na, das sieht nicht schlimm aus“, sagte der Lehrer und sah sich den Fuß an. Peter ging nämlich barfuß. „Geh langsam und achte auf den Weg, dann geht dir auch kein Topf kaputt.“
„Jawohl, Herr Lehrer!“ sagte Peter artig.
Der Lehrer aber rief ärgerlich: „Du sollst doch nicht so nuscheln, Peter! Das klang eben grade so, als hättest du zu mir ‚Alles Kohl‘ gesagt.“
Damit schlug der Lehrer das Fenster zu, und Peter ging weiter, dachte aber dabei: Der Topf ist kaputt, aber ich bin nicht schuld daran.
Endlich kam Peter doch zum Laden des Herrn Möbius, der aber nicht da war. Sondern seine alte Mutter, die schon ein wenig taub auf beiden Ohren war, saß im Ladenfenster, damit sie auch sehen konnte, wer auf der Dorfstraße vorüberging, und strickte einen Strumpf. Peter, der wußte, wie schlecht die alte Frau hörte, dachte: Hier muß ich es gut machen, sonst gibt es keine Musklöße, und schrie, so laut er konnte: „Tag, Frau Möbius, ich möcht für 'nen Fünfziger Pflaumenmus!“
Gott! fuhr die alte Frau in die Höhe! Sie hatte die Ladenklingel gar nicht gehört. „Was für 'nen Schuß? Wo fiel der Schuß?“ rief sie zitternd.
„Für fünfzig Pfennige Pflaumenmus!“ schrie Nuschelpeter noch lauter.
„Wie –?“ fragte die alte Frau und hielt die Hand an die Ohren.
„Pflaumenmus!“ brüllte Peter und zeigte ihr das Geldstück.

„Was will er bloß –?“ murmelte die alte Frau. „Ich versteh immer: Frau mit Kuß!

„Pflaumenmus!“ brüllte Peter und schrie so, daß die Scheibe klirrte und ihm der Hals weh tat.

Die alte Frau schüttelte verzagt den Kopf. „Jungchen“, sagte sie, „laut schreist du wohl, aber du hast so ’ne nuschlige Aussprache. Weißt du was, geh hinter den Ladentisch und such selber, was du haben willst. Ich will schon aufpassen, daß es nicht zuviel wird.“

Damit nahm sie ihm die fünfzig Pfennig aus der Hand und machte die Klappe im Ladentisch auf, daß er durchschlüpfen konnte.

Da stand Peter nun wie ein kleiner Kaufmann, und was er sich manchmal im Einschlafen gewünscht hatte, nämlich einen großen richtigen Laden mit allem drin, was er gerne mochte, das hatte er nun. Da waren viele, viele Schubladen mit kleinen Schildern daran, und so viel konnte er schon lesen, daß er verstand, was in den Schubladen war. Wo Salz und Mehl dranstand, da sah er gleich wieder weg, aber wo Zucker und Mandeln und Rosinen und Erdnüsse dranstand, da sah er immer länger hin, und sein Herz fing an, schneller zu klopfen.

Unter den Schubladen aber standen auf der Erde noch Steintöpfe und Tönnchen, auf denen war zu lesen: Saure Gurken, Schmalz, Sirup, Marmelade und Pflaumenmus. Schnell sah Peter wieder weg und – richtig – da stand das, was er schon lange gesucht hatte: zwei schöne, blanke Gläser voller Bonbons.

Der Peter hatte noch immer den Henkel vom Steintopf in der Hand, und er hielt ihn auch weiter fest, aber dabei starrte er auf die beiden Gläser mit Bonbons, daß ihm die Augen übergingen, und dachte: Ach je, wie schön wäre das, wenn ich statt Pflaumenmus für ganze fünfzig Pfennige Bonbons kaufen könnte! Da würde ich mich einmal richtig satt an ihnen essen und brauchte zum Mittag gar keine Musklöße!

Grade als der Peter so schlimme Gedanken bei sich hatte, sagte die alte Frau Möbius ungeduldig: „Na, Jungchen, hast du denn noch immer nicht gefunden, was du holen willst?“

Da sagte der Peter laut „Pflaumenmus!“, mit dem Finger aber zeigte er auf die beiden Bonbongläser, und bei sich dachte er: So habe ich doch nicht gelogen. Ich habe Pflaumenmus verlangt, und wenn mir Frau Möbius dann Bonbons gibt, bin ich nicht schuld.

Die alte Frau sagte: „Ach, Bonbons willst du! Das klingt ja komisch bei dir, ich glaube, du bist ein rechter Nuschelpeter." Und damit tat sie in eine Tüte Eisbonbons und in die andere Tüte saure Drops, gab die Tüten dem Jungen und sprach: „Auf Wiedersehen, Jungchen. Verdirb dir bloß den Magen nicht."

Peter aber steckte die eine Tüte in eine Tasche, die andere Tüte in die andere Tasche, nuschelte „Auf Wiedersehen" und ging los. Ganz wohl war ihm nicht, und was die Mutter sagen würde, konnte er sich schon denken, und was der Vater tun würde, fühlte er beinahe schon auf seinem verlängerten Rücken. Aber trotzig dachte er: Ich habe nicht gelogen, und wenn sie mir statt Pflaumenmus Bonbons gibt, bin ich nicht schuld!

Darüber war er sich klar: Die Bonbons würde er alle aufessen müssen, ehe er nach Haus kam, sonst würde die Mutter sie fortnehmen, und er bekam dann jeden Tag nur einen oder zwei. Er ging also schnell die Dorfstraße entlang, und als er am Schulhaus vorbeikam, lief er, so rasch er konnte, damit ihn bloß der Lehrer nicht ansprach.

Dann aber kam der schöne, ruhige Weg am Kirchhof entlang, und – schwupp! – war Peter mit einem Satz über die niedrige Kirchhofsmauer und drückte sich in die Büsche, die dort reichlich wuchsen. Auf einen uralten Grabstein setzte er sich, zog aus der einen Tasche die Drops, aus der andern die Eisbonbons, steckte dafür den Topfhenkel ein und fing an, sehr zufrieden die Bonbons in langen Reihen auf den Grabstein zu legen, denn er wollte sie erst einmal zählen. Gerade hatte er bis hundertsechsundfünfzig gezählt und freute sich, daß er so unglaublich viel Bonbons zu essen hatte, da raschelte es in den Büschen, und angstvoll fuhr Peter hoch, denn ein schlechtes Gewissen hatte er doch trotz aller Freude.

Aus den Büschen kam aber nur Alfred Thode, der größte und stärkste Junge in der Schule. „Du hast aber mächtig viel Bonbons, Peter", sagte der starke Alfred.

„Es sind aber gar nicht meine", sagte Peter voll Angst, denn er fürchtete, der Alfred würde sie ihm wegnehmen.

„Oller Nuschelpeter, daß es keine Steine sind, seh ich auch", lachte Alfred. „Laß mich mal probieren!"
„Nein, nein!" schrie Peter. „Ich geb keine ab! Ich kriege zu Haus fürchterliche Prügel deswegen, da will ich sie auch alleine aufessen!"
„Das glaube ich, die sind fein zu essen!" lachte der starke Alfred, schob eine ganze Handvoll Bonbons zusammen und steckte sie auf einmal in den Mund. „Schmeckt großartig, Peter, willst du auch einen?" Und er hielt ihm einen einzigen hin.
Das war Peter zuviel. Er brüllte: „Hilfe! Hilfe! Diebe!"
„Wer schreit denn hier so jämmerlich um Hilfe?" klang's vom Kirchhof her. Durch die Zweige sah ein Gesicht – und es gehörte dem Dachdecker, der vorhin von der Leiter geflogen war. Kaum hatte er den Peter erkannt, so rief er: „Du bist doch der infame Bengel, der mich auf die Leiter gerufen hat, grade als der Bulle kam? Warte, jetzt verhau ich dich!"
Damit stürzte er sich auf Peter; Peter aber mußte laufen, immer von seinen schönen Bonbons fort, die der starke Alfred alle miteinander aufaß! Der Dachdecker, der von seinem Fall noch lahm war, humpelte, so schnell er konnte, hinter Peter her und schrie dabei: „Warte, Bengel, nimm deine Haue mit! Warte doch, ich habe die Haue schon hier!"
Dies Geschrei hörte der Bettler, sah den Peter laufen, erkannte in ihm den, der ihn „Schuft" genannt haben sollte, lief auch hinterher und sammelte dabei fix Steine auf, die er beim Laufen dem Peter in den Rücken warf, daß der immer lauter schrie und stets schneller lief.
Der Weg vom Kirchhof geht bergab, Peter saust so schnell wie eine Kanonenkugel. Unten kommt die Frau Gemeindevorsteher um eine Hausecke – Peter kann nicht mehr bremsen und saust ihr in den Bauch. Die gute, ein bißchen dicke Frau fällt auf den Rücken und streckt die Beine in die Höhe. Peter fällt über sie.
Gerne möchte er sich ein bißchen ausruhen, doch schon nahen Bettler und Dachdecker: Er muß weiterrennen. Jetzt läuft als dritte auch die Frau Gemeindevorsteher hinter ihm – Peters Zunge hängt schon bis ans Knie, er kann keine Luft mehr kriegen. Aber jetzt sieht er seiner Mutter Haus.

Nur zur Mutter, denkt er … Da kommt in einer Staubwolke das Automobil mit dem Doktor gefahren. „I du elender Bengel, schickst mich nach Drewolke, wenn ich nach Gooren will! Warte, dich krieg ich!“
Nun muß Peter gar noch schneller laufen als das Automobil; es war nur gut, daß das Haus schon nah war – sonst hätten sie ihn gekriegt!
In der Haustür steht Peters Mutter, auf sie stürzt Peter zu. „Mutter, hilf mir, die wollen mich alle verhauen!“
„Ja, ich will dir helfen!“ ruft die Mutter zornig. „Läßt mich zwei Stunden auf das Pflaumenmus warten!“ Patsch! hatte er eine Ohrfeige weg. „Wo ist das Mus –?!“
„Pott kaputt!“ schreit Peter und zieht den Henkel aus der Tasche.
„Mein schöner Steinpott kaputt!“ ruft die Mutter – bum! erntet Peter eine Kopfnuß. „Für fünfzig Pfennig kein Pflaumenmus!“ – zuck! klebt sie ihm eine Knallschote.
„Recht so!“ schreit der Doktor. „Mich hat er nach Drewolke statt nach Gooren geschickt – darf ich auch mal?“
„Immer zu!“ sagt die Mutter. „Sicher hat er wieder genuschelt.“
„Egal!“ sagt der Doktor. „Da hast du von mir einen Backenstreich!“
„Mich hat er Schuft genannt!“ schreit der Bettler.
„Mich von der Leiter geschmissen!“ schimpft der Dachdekker.
„Mich hat er angelogen, sein Vater wär zu Haus, und dann hat er mich noch vor den Bauch gebufft!“ ruft die Frau Gemeindevorsteher.
„Peter!“ sagt der Vater, der eben nach Haus kommt. „Frau Kaufmann Möbius hat mir grade erzählt, du hast für fünfzig Pfennig Bonbons gekauft – wo hast du denn das Geld her?“
Ach, da hätte der Peter am liebsten ein Mäuslein sein mögen und ein Löchlein haben in der Erde, um sich zu verkriechen! Aber daraus wurde nichts, sondern der Vater nahm den Sohn am Arm, ging mit ihm abseits, und was es da gab, das kann man sich denken. An diesem Tage konnte der Peter auf seinem Po weder sitzen noch liegen, und im Bett mußte er auch auf dem Bauch schlafen: Das Ende von seinem Rücken tat ihm zu weh.

Und doch war trotz aller schlechten Erfahrungen und aller Prügel der Nuschelpeter noch immer nicht ganz vom Nuscheln und Lügen geheilt. Denn am nächsten Tage ging er in der großen Pause zum starken Alfred Thode und sagte ganz frech: „Gib mir meine Bonbons wieder!"
Da sah ihn der starke Alfred mit schrecklichen Augen an und fragte: „Wie viele Bonbons waren es denn?"
„Hundertsechsundfünfzig", sagte Nuschelpeter und dachte, er kriegte Bonbons.
„Weißt du was?" brummte der starke Alfred. „Ich habe all deine hundertsechsundfünfzig Bonbons aufgef-uttert, und davon ist mir so schlecht geworden, daß ich die ganze Nacht habe laufen müssen. Darum will ich dir jetzt für jeden von diesen elenden Bonbons eine Ohrfeige geben ..."
Und patsch! ging es los: „Eins, zwei, drei, vier ..."
„Ich will keine mehr!" schrie kläglich der Nuschelpeter.
„Noch 'ne feine mehr!" verstand der starke Alfred. „Fünf, sechs, sieben, acht ..."
Da sagte der Nuschelpeter laut und klar: „Bitte, keine mehr!", und da verstand ihn der starke Alfred und ließ ihn laufen. Und von diesem Tage an hat der Nuschelpeter nicht mehr genuschelt.

Es war einmal ein kleines Schulmädchen, das hieß Christa, und es war ganz allein und hätte doch gar zu gerne ein Brüderchen gehabt. Alle Tage ging es zur Mutter und bettelte: „Ach, Musch, kriegen wir nicht heut ein Brüderchen?"
Aber die Mutter hatte jeden Tag eine andere Ausrede. Einmal sagte sie: „Du siehst doch, Christel, ich habe heute Waschtag – wie hätte ich da Zeit für ein Brüderchen?!" Und das nächste Mal: „Es friert heute draußen, daß sogar die Hunde den Schwanz zwischen die Beine klemmen – da würde doch solch kleines Brüderchen sich völlig verkühlen!" Und das dritte Mal: „Vorhin habe ich gesehen, deine Püppings liegen in ihrem Wagen wie Kraut und Rüben. Wenn du nicht einmal die besorgen kannst, wie willst du da auf ein lebendiges Brüderchen aufpassen, Christel?"
Aus diesen Antworten merkte das Mädchen, die Mutter wollte kein Brüderchen. Da ging Christa in den Garten, setzte sich in ihre Schaukel und schaukelte sich. Sie dachte: Beim Schaukeln ist mir noch immer etwas Gutes eingefallen. Vielleicht fällt mir heute ein, wie ich ein Brüderchen bekomme. – Und sie schaukelte tüchtig, bis in die Zweige vom Kirschbaum hinein.
Während sie aber so schaukelte, knarrte oben der Balken, an dem die Schaukel hing, und das klang wie „Kraax", und die Ringe knirschten in den eisernen Schrauben, und das klang wie „Piep" – und so ging es immer weiter, während Christa schaukelte: „Kraax-Piep, Kraax-Piep, Kraax-Piep!"
Als Christa eine Weile darauf gehorcht hatte, war es ihr plötzlich, als spräche die Schaukel zu ihr. Und schon sagte sie nicht mehr: „Kraax-Piep", sondern: „Frag Piep! Frag Piep!" Nun hatte Christa wohl schon von andern Kindern gehört, der Storch bringe den Müttern ihre Kleinen, aber sie hatte nicht recht daran glauben wollen. Als aber die Schaukel immer wieder sagte: „Frag Piep!" – und der Storch ist ja auch ein Pieper, wenn auch ein großer –, da dachte Christa: Ich kann es ja mal versuchen und ihn fragen. Nützt es nichts, so schadet es nichts. Und sie stieg aus der Schaukel und ging zur großen Wiese, wo der Storch meistens war.

Richtig spazierte er dort, langsam Bein vor Bein setzend, und von Zeit zu Zeit steckte er seinen spitzen Schnabel ins Gras und hob ihn nie ohne einen zappelnden Frosch, den er dann behaglich verschlang. War aber der Frosch besonders groß, oder war es gar eine fette Kröte, so flatterte er vor Freude kurz mit den Flügeln und klapperte heftig dazu – das klang so hölzern!

Christa sah dem Storch eine Weile zu, und es gefiel ihr gar nicht, daß er so die braven Fliegenfänger, die Frösche, aufaß und dazu auch noch vergnügt klapperte, was ganz klang, als lache jemand: „Hä! Hä!" Weil sie doch aber gar so gerne ein Brüderchen haben wollte, faßte sie sich ein Herz, ging an den Storch heran und sagte den alten Vers her: „Storch, Storch, guter, bring einen kleinen Bruder ...!"

Der Storch hob eines von seinen rotlackierten Beinen hoch, sah das kleine Mädchen glupsch von der Seite an, als überlege er sich seine Antwort – und plötzlich klapperte er so laut und heftig los, daß Christa vor Schreck einen Satz hinter sich tat. Es war wirklich, als lachte sie der Storch mit vielen „Hä-Hä's" aus, und als sie genau hinhörte, war es ihr, als ob auch die kleinen Vögel in den Weidenzweigen, die Lerchen in der Luft und ein Volk Krähen, das grade über sie fortrauschte, in das höhnische Lachen des Storches mit einstimmten.

Da bekam sie vor Scham puterrote Backen, und sie fing an zu laufen, schneller, schneller, immer schneller, und sie hörte nicht eher auf zu laufen, bis sie an dem Acker anlangte, den der Vater mit der Liese und dem Hans pflügte. Der Vater sah sein kleines Mädchen an und fragte: „Nun, Christa, wovon hast du denn so rote Backen?"

Da erzählte ihm Christa ihr Erlebnis mit dem Storch und all den Vögeln, die sie ausgelacht hatten.

Der Vater sagte darauf: „Da hättest du freilich nicht zum Storch gehen müssen. Daß der die Kindlein bringt, erzählen die Leute nur so – aber hast du wohl schon mal die Mutter um ein Brüderchen gefragt?"

„Ja", sagte Christa, aber die Mutter habe immer eine Ausrede, mal, daß sie zuviel zu tun habe, mal, daß die Christa nicht artig genug sei.

„Das ist schlimm", sagte der Vater, „denn wenn die Mutter nicht will, wird es mit dem Brüderchen wohl nichts werden.

Aber mir fällt etwas ein, Christa. Wir haben doch jetzt den August, und da fallen viele Sterne vom Himmel auf die Erde. Und jeder leuchtende Stern ist eine kleine Kinderseele. Da stelle du dich nur heute abend ans Fenster, und siehst du einen Stern fallen, so wünsche im stillen, so stark du nur kannst: Komm zu uns, Brüderchen! Wenn du das nur stark genug tust und keinem Menschen davon sprichst, werden wir schon ein Brüderchen bekommen. Gefällt dir das, Christa?"

„Ja, Vater", sagte Christa nachdenklich. „Aber die Sterne sieht man doch nur fallen, wenn es dunkel ist. Dann muß ich doch im Bett liegen und schlafen."

„Nun", sagte der Vater. „Dies eine Mal können wir wohl eine Ausnahme machen. Das werde ich schon vor der Mutter vertreten. Jetzt aber muß ich noch eine Weile pflügen. Du kannst hinter mir in der Furche gehen, und wenn du einen Engerling siehst, so trittst du ihn tot."

„Ja", sagte Christa, und nun pflügte der Vater noch ein Weilchen. Christa aber trat fünf Engerlinge tot und dachte nach. Als der Vater nun die Liese und den Hans ausgespannt hatte, um mit ihnen heimzugehen, setzte er Christa auf die Liese, denn Christa ritt gerne. Da fragte Christa den Vater: „Wohin fällt denn der helle Stern, den ich sehen werde, Vater? Fällt er einfach so auf den Hof? Oder fällt er in meine kleine Kinderkrippe, die noch auf dem Boden steht? Oder auf den Strohfeimen? Oder wohin?"

„Nichts von alledem, Christa", antwortete der Vater. „Sondern er fällt deiner Mutter direkt ins Herz. Sieh, es ist ja nur ein kleiner, heller Himmelsfunke, der bei uns hier auf der Erde nicht leben könnte. Jeder Wind würde ihn auswehen, und jeder Regen müßte ihn auslöschen. Aber in deiner Mutter Herz bleibt er warm und hell. Sie gibt ihm von ihrem Blut, und sie nährt ihn von ihrem Fleisch, und davon wächst ein Menschenleib um ihn herum, in vielen Tagen und Wochen und Monaten, solch ganz kleiner Kinderleib, wie du ihn auch gesehen hast. Aber mittendrin sitzt und leuchtet und funkelt der kleine Himmelsstern – du trägst auch solchen Himmelsstern in dir, Christa!"

„Ja", sagte Christa, und als sie nun auf dem Hof angelangt waren, und der Vater sie von der Liese gehoben hatte, ging sie um die Scheunenecke und sah lange zum Himmel empor, denn sie hätte gerne gleich die Sterne, ihre Brüder und Schwestern, gesehen. Dafür war es aber noch zu früh, die Sonne stand am Himmel und erhellte ihn. Am hellen Himmel aber kann man die Sterne nicht sehen, erst wenn er dunkel wird, treten sie, die immer da sind, mit ihrem matteren Schein hervor.

In der Nacht war es Christa im Schlaf, als riefe eine Stimme wie die Stimme ihres Vaters sie an: „Steh auf, Christa, und schau zu den Sternen!" Sie wachte auf und trat an ihr Fenster, zog den Vorhang zurück – da war über dem schwarzen Scheunendach auf der andern Seite des Hofes der ganze Himmel besteckt mit den Lämpchen vieler tausend Sterne, kleinerer und größerer, heller und nur matt leuchtender. Quer hindurch aber zog sich ein sanft leuchtendes, breites, weißes Band wie eine helle Straße durch den ganzen Himmel.

Und plötzlich, als Christa auf dies breite, strahlende Band schaute, löste sich ein Funke daraus, stürzte, immer heller leuchtend, durch den Himmel, und schon verschwand er hinter dem schwarzen hohen Scheunendach. „Ah!" hatte Christa gerufen und vor allem schönen Schauen und Staunen ganz das Wünschen vergessen. Und nun, ehe sie noch tief Atem geholt hatte, lief wiederum ein weiß leuchtender Stern durch den Himmel und noch einer – und wiederum einer ... Und so fiel Stern um Stern, und Christa rief „Ah!" und „Oh!" und „Ach!" und staunte und freute sich. Aber es ging immer viel zu rasch, und zum Wünschen kam sie kein einziges Mal.

Da sagte sie: „Oh, das ist schwer!", und nun, weil sie das Brüderchen doch so gerne haben wollte, nahm sie sich fest vor, nur daran zu denken. Sie machte die Augen zu, damit sie eine Weile nichts sah. Als Christa sie aber wieder öffnete, sah sie genau auf einen helleren Fleck des weißen Sternenweges, und grade, als sie ihn anschaute, lösten sich zwei helle Sterne daraus und liefen nebeneinander, und nun fiel ihre Bahn zusammen, und mit größerer Helle liefen sie weiter, als sei es nur einer.

Da dachte Christa bei sich: Es ist schön, daß es so ist. Der Vater mußte doch auch dabei sein. Denn sie meinte, der zweite Stern sei der Vater gewesen, der dem Brüderchen den Weg zeigte. Und während sie dies alles dachte,

wünschte sie doch zu gleicher Zeit: „Brüderchen, komm zu uns!"
Diesmal war der Wunsch zur rechten Zeit getan, denn der Sternzwilling verlosch nicht eher, bis sie ihren Wunsch zu Ende getan hatte. Da ging Christa, freudig aufatmend, ins Bett, und sie war froh, daß jetzt das Brüderchen in der Mutter Herz wohnte, und in dieser Freude schlief sie ein.
Als sie aber eine Zeit geschlafen hatte, träumte ihr, sie sei von einem sanften Licht aufgewacht, und im Traum setzte sie sich im Bett auf und sah in die dunkle Stube. Zuerst sah sie nur Dunkel, als sie aber genauer hinsah, merkte sie auf dem Tisch einen kleinen hellen Schein wie von einem sanften Licht ohne Feuer, in der Form wie eine Kerzenflamme. Und in der Mitte dieses Lichtscheins, der vielleicht so hoch war wie eine Hand, war ein noch helleres Leuchten. Und als sie genau hinsah, hatte dies Leuchten die Gestalt eines kleinen Kindes, so lang wie ein Finger. Christa saß in ihrem Bett und starrte auf das Kind aus Licht.
Da sagte das fremde, fingerkleine Kind: „Siehst du mich nun, Schwester?"
Sagte die träumende Christa: „Ich sehe dich, Brüderchen."
Fragte das Lichtkind: „Warum hast du mich denn aus dem schönen Sternenhimmel fortgewünscht, Schwester? Wir Sterne spielten so schön miteinander, und ich lief grade mit einem andern Sternlein um die Wette durch den ganzen Himmel, daß die Funken stoben – da hast du mich fortgewünscht auf die kalte, dunkle Erde!"
Antwortete die Christa: „Aber ich wollte doch so gerne ein Brüderchen haben!"
Klagte der kleine Stern: „Aber ich bin nicht gerne hier in eurer engen Welt. Schon jetzt sehne ich mich nach dem weiten, funkelnden Himmel. Es ist dunkel hier bei euch; sieh einmal, jetzt soll ich auch dunkel werden, mein Licht wird schon immer schwächer."
Und wirklich, als Christa genauer hinsah, war der Schein um das Sternenkind schon matter, und auch der Leib des Kindes leuchtete nicht mehr so wie vorher.
Da tröstete Christa das Kind und sprach: „Du brauchst ja auch nicht mehr zu leuchten, Brüderchen. Jetzt wirst du in unserer Mutter Herz wohnen und von ihrem Blute warm

werden. Nachher aber haben wir die schöne, warme Sonne und den Lichtschein des Feuers im Herd und den guten, bleichen Mond und die Sterne und viele, viele Lampen. Wir haben immer Licht, wenn wir es wollen, daran soll es dir nicht fehlen, Brüderchen, und zu Weihnachten haben wir noch den Tannenbaum."

Das Brüderchen dachte eine Weile nach über das, was Christa gesagt hatte. Aber es war noch immer nicht zufrieden, sondern es klagte weiter: „Ja, wenn es nun auch mit dem Licht besser bei euch Menschen bestellt ist, als ich dachte, Schwester – wie ist es denn aber mit dem Spielen? Wo sind denn hier auf der Erde die tausend fröhlichen Funkelbolde, die mit mir im Himmel waren und mit denen ich um die Wette zwinkern und glimmen konnte? Wo ist denn in euern engen Stuben Raum, wie ich ihn hatte, durch den ganzen Himmel zu sausen, immer und immer weiter, um die Wette und allein, ganz wie ich es wollte?"

Da wurde die träumende Christa in ihrem Bette ganz eifrig, und sie rief: „Ach, Brüderchen, du hast ja gar keine Ahnung, wie schön wir Kinder hier auf Erden spielen können! Wohl hast du dort oben den ganzen blanken Himmel gehabt, aber er ist doch leer bis auf euch Sterne. Wir Kinder aber haben eine Erde, ganz voll von Dingen, mit denen wir spielen können. Aus jedem Strohhalm können wir Seifenblasen wehen lassen oder Windrädchen daraus machen oder aber Ketten; hinter jedem Baum und Busch können wir uns verstecken, von jeder Stufe springen, mit Wasser und Sand backen und bauen, und so noch viele tausend Dinge. Wenn du aber sausen willst, schneller noch als ihr Sterne durch den Himmel, so warte nur auf den Winter, Brüderchen! Hinter dem Dorf ist ein Berg, und wenn du den mit deinem Schlitten hinuntersaust, so bist du schneller als der Wind und meinst, du flögest durch alle Himmel!"

Als dies das Brüderchen gehört hatte, war es schon halb versöhnt und sagte: „Nun, Schwester, das klingt ja alles ganz gut, und beinahe möchte ich dir verzeihen, daß du mich vom Himmel auf die Erde herabgewünscht hast. Aber ganz zufrieden bin ich doch noch nicht. Sieh einmal, wie matt mein Licht geworden ist, seit wir hier miteinander reden, Schwester. Gleich wird es ganz ausgegangen sein. Und unser Schönstes war doch im Himmel, dieses Licht immer recht rein und glänzend zu erhalten. Immerfort rieben und putzten wir an uns herum – und nun soll ich hier als ein ganz lichtloses, graues Wesen herumlaufen und mir all meinen Schein von andern borgen? Nein, Schwester, das kann mich nie freuen, und so war es doch nicht recht von dir, und ich will gar nicht gerne bei euch bleiben!"

Da saß Christa ganz erstaunt in ihrem Bett und rief: „Aber, Brüderchen, zwar haben wir Menschen kein Licht – aber weißt du denn nicht, daß wir ein Herz im Leibe haben?!"

„Du hast schon einmal davon gesprochen", sprach der kleine Stern. „Aber ich habe dich nicht verstanden. Was ist denn das, ein Herz? So etwas kennen wir Sterne nicht, und ich habe es nicht einmal gesehen, sooft ich auch auf die Erde hinabgeschaut habe."

„Ein Herz", rief Christa ganz eifrig, „ist ein Ding, das wir in der Brust tragen, und es klopft immerzu, Tag wie Nacht, ob wir wachen oder schlafen, es ist immer bei uns. Und wenn wir uns über etwas freuen oder etwas Gutes getan haben, so fängt es ganz stark zu klopfen an und wird immer größer, und dann meine ich, ich kann mich vor Glück nicht lassen und muß immerzu tanzen und singen und springen ... Und dann wird die Welt immer größer, und der Himmel wird heller, und die Vögel singen lauter, und immer stärker und voller klopft das Herz, und ich weiß vor Glück nicht mehr aus noch ein ..."

„Das muß ein seltsam Ding sein, solch Herz", sprach das immer blassere Brüderchen. „Das möchte ich wohl kennenlernen. Erzähle mir mehr vom Herzen, Schwester."

„Ja", sagte Christa, und ihre Stimme wurde leiser, „und wenn ich etwas Schlechtes getan habe, so klopft es auch. Aber ganz anders. Es ist, als wollte es immer stillestehen, und es sticht, und es pocht, und es mahnt, und es ruht nicht eher, bis ich das Schlechte wiedergutgemacht habe und wieder fröhlich bin."

„Schwester", sprach der kleine Stern aus dem Himmel, „nun geht mein Licht aus. Aber es tut mir nicht mehr leid; denn seit ich das gehört habe, was du vom Herzen erzählt hast, habe ich nur den Wunsch, auch ein Herz zu haben. Wenn ich nun geboren werde, bin ich ja ganz klein und werde alles vergessen haben. Willst du daran denken und für mich sorgen, daß mein Herz immer freudig schlägt, wie du es erzählt hast, und nie böse sticht –?"

Das versprach Christa, und als sie das getan hatte, flackerte das Sternlein noch einmal hell auf und erlosch dann. Christa aber schlief weiter, und als sie am nächsten Morgen erwachte, wußte sie noch, daß sie zwei Sterne hatte fallen sehen und sich zur rechten Zeit ein Brüderchen gewünscht hatte. Danach war ihr aber nur noch, als sei das Brüderchen im Traum wie eine kleine Flamme bei ihr gewesen und sie habe ihm etwas versprochen, was aber, das wußte sie nicht mehr.

Nun gingen viele Tage in das Land, und Christa spielte, ging in die Schule, half der Mutter, ritt auf der Liese und dachte auch manchmal an das Brüderchen, ob es nun wohl bald dasein werde. Und eines Morgens rief der Vater Christa in das elterliche Schlafzimmer; da stand die alte Krippe vom Boden, und in ihr lag das Brüderchen. Da freute sich Christa sehr, und die ersten Tage konnte sie gar nicht genug um das Brüderchen herum sein.

Aber Christa war groß, und das Brüderchen war klein und lag immer in der Krippe, und auch als es laufen lernte, war es eine rechte Last, weil es immer hinfiel und schrie. Und es konnte nicht ordentlich sprechen und zerriß die Bilderbücher, weil es noch dumm war. Da sagte Christa oft: „Olles dummes Brüderchen!" und lief hinaus zu den andern, den großen Kindern, mit denen zu spielen. Wenn aber die Mutter sagte: „Christel, ich muß waschen, spiel ein bißchen mit Brüderchen", so zog Christa ein Gesicht. Und sagte die Mutter wieder: „Du hast dir doch selbst ein Brüderchen gewünscht, Christel!", antwortete sie: „Nicht so eines!"

Nun verging wieder einige Zeit, da wurde das Brüderchen krank. Zuerst achtete Christa nicht sehr darauf, als aber der Vater und die Mutter mit immer traurigeren Gesichtern umhergingen und das Brüderchen rot und mit geschlossenen Augen im Bett lag, da wurde ihr auch angst. Still stand sie in einer Ecke des Zimmers und sah zu dem Bettchen hinüber, in dem Brüderchen lag. Die Mutter wollte dem Brüderchen einen Umschlag machen, Christa hielt das Tuch, die Mutter streifte das Hemd ab, und als sie die hastig atmende Brust sah, legte sie die Hand darauf und sagte traurig: „Wie das klopft! Ach, wie das klopft!"

Da legte Christa auch ihre Hand auf des Brüderchens Brust, und sie fühlte das Herz des Brüderchens klopfen unter ihrer Hand, hastig und angstvoll, immerzu. Und es war ihr, als riefe das Herz immerzu: „Laßt mich heraus! Ich will fort! Laßt mich heim!"

Da fiel der Christa plötzlich ein, was sie der kleinen Sternenflamme in der Nacht versprochen hatte, daß sie nämlich dafür hatte sorgen wollen, daß des Brüderchens Herz froh und glücklich klopfte. Und es fiel ihr ein, wie häßlich sie zu Brüderchen gewesen war und daß sie nichts für seine Freude getan hatte. Da befielen die Christa großer Kummer und Sorge, denn sie verstand, daß es dem Brüderchen nicht auf der Erde gefiel und daß es wieder zurück wollte zu den Funkelsternen, die kein Herz haben. Und Christa überlegte, was sie wohl tun könnte, um das Herz des Brüderchens froh schlagen zu machen, und sie lief hin und holte ihr schönstes Bilderbuch, das sie dem Brüderchen bisher nie hatte geben wollen. Sie legte das Buch auf das Bettchen und sprach: „Da, Brüderchen, das schenke ich dir. Du darfst es auch zerreißen." Da lächelte das Brüderchen.

Von dieser Stunde an ging es dem Brüderchen besser, und bald war es ganz gesund. Nun wurden Christa und Brüderchen die besten Spielgefährten, und immer lachte das Brüderchen, wenn es Christa sah, und es hat nie wieder heim gewollt zu den Sternen, sondern es hat ihm wohl gefallen auf dieser Erde.

Und du und ich, mein Kind, wir haben genau solche Herzen wie Brüderchen und Christa, die sich freuen wollen. Und wenn wir einander froh machen, so gefällt es uns gut auf dieser schönen Erde; machen wir einander aber Kummer, so wollen wir hier nicht mehr weilen, und alles wird dunkel für uns, und der kleine Sternenfunke in uns mag nicht mehr brennen – daran denke, mein Kind.

Es war einmal ein kleines Mädchen, das hieß Anna Barbara und hatte weder Vater noch Mutter; die waren beide schon lange tot. Sondern es wuchs bei einer steinalten Großmutter auf, die war vor lauter Alter schon ganz wunderlich. Und immer, wenn die Anna Barbara der Großmutter etwas erzählte oder sie um etwas bat oder ihr etwas klagte, dann sagte die alte Frau nur: „Ja, Kind, wenn wir bloß den goldenen Taler hätten, dann wäre alles gleich in Ordnung. Aber wir haben ihn nicht, und bringen tut ihn uns auch keiner, und so müssen wir es eben tragen, wie es ist."
Und ganz gleich, was die Anna Barbara auch vorbrachte: „Großmutter, ich hab mir ein Loch ins Knie gefallen", oder: „Großmutter, der Lehrer hat gesagt, ich hätt gut gelesen", oder: „Großmutter, die Katz ist am Sahnentopf!" – die alte Frau antwortete immer nur: „Ja, Kind, wenn wir bloß den goldenen Taler hätten!"
Wenn Anna Barbara aber die Großmutter drängte und fragte, was denn das für ein goldener Taler sei und wie man ihn kriegen könne, schüttelte die alte Frau geheimnisvoll mit dem Kopf und sagte: „Ja, Kind, wenn wir ihn einfach kriegen könnten, so hätten wir ihn schon! Ich bin all mein Lebtage nach ihm gelaufen und habe ihn nicht einmal zu sehen gekriegt, und deiner Mutter ist es auch nicht anders ergangen. Möglich, daß es mit dir anders ist, denn du bist in einer Weihnacht geboren und ein Glückskind."
Mehr bekam die Anna Barbara nicht zu erfahren von dem goldenen Taler, bis sich in einer kalten Winternacht die Großmutter in ihr Bette legte und starb. Ehe sie aber tot war, setzte sie sich noch einmal auf, sah die Anna Barbara scharf an und sprach: „Wenn ich jetzt tot bin, Anna Barbara, läßt du mich auf dem Friedhof begraben, grad zu Häupten von dem Grab deiner Eltern. Auf keinem andern Fleck!"
Das versprach die Anna Barbara.
„Und wenn du mich begraben hast, so bleibst du nicht hier in unserer Hütte. Sondern du schließt sie zu und gehst hinaus in die Welt, und du bleibst an keinem Fleck, die Leute hätten denn dort den goldenen Taler. Um den dienst du so lange, bis du ihn bekommst – und wenn es zehn und wenn

es zwanzig Jahre dauert. Denn du wirst doch nicht eher glücklich, bis du ihn hast. Versprichst du mir das?"

Das versprach die Anna Barbara, und als sie das getan hatte, legte sich die Großmutter zufrieden ins Bett zurück und starb. Nun halfen der Anna Barbara die Leute aus dem Dorf, die Großmutter zu begraben, und sie bekam genau den Platz, den sie sich gewünscht hatte: zu Häupten ihrer Kinder. Als aber das Begräbnis vorüber war und die Leute alle nach Haus gegangen waren, stand Anna Barbara allein unter der Kirchhofstür, ein Bündelchen mit ihren Sachen in der Hand, und wußte nicht, wohin sie gehen sollte. Nach Haus konnte sie nicht wieder, das hatte sie der toten Großmutter versprochen, in die weite Welt aber zu gehen, davor fürchtete sie sich. Zudem war es ein eiskalter Wintertag, der Schnee lag hoch, und Anna Barbara fror schon jetzt wie ein magerer Schneider.

Als sie aber so stand und nicht wußte, was sie tun sollte, sah sie einen Schlitten gefahren kommen, mit einem Schimmel davor und einem langen, gelbhäutigen Manne darauf; die beiden sahen so seltsam aus, daß Anna Barbara trotz Kälte und Kummer fast das Lachen ankam. Denn der Schlitten war nichts als eine alte, große Futterkiste, die man auf Kufen gesetzt hatte, und der lange, gelbe Mann darin war so mager, daß Anna Barbara meinte, sie hörte beim Rumpeln des Schlittens seine Knochen klappern. Sein Gesicht aber war ganz ohne Fleisch und so hohl, daß ihm der Winterwind durch die Backen blies. War der Mann aber schon mager, so war das doch noch gar nichts gegen den Schimmel. Der sah so verhungert aus, daß er bei jedem Schritt hin und her wankte und fast umfiel, und der Kopf hing ihm vor Entkräftung so tief zwischen den Beinen, daß das Maul beinahe den Schnee auf der Straße streifte.

Als der Schlitten nun grade vor der Kirchhofstür war, blieb der Schimmel stehen, als könne er nicht mehr weiter, und so blieb der Schlitten auch stehen. Der Schimmel aber drehte die Augen sehr kläglich nach der Anna Barbara, daß fast nur das Weiße zu sehen war, der Mann aber drehte seine Augen auch nach dem Mädchen, in denen aber war das Weiße gelb vor lauter Galle.

Nachdem der dürre Mann Anna Barbara eine Weile betrachtet hatte, fragte er mit quäksiger Stimme: „Was bist

denn du für ein Mädchen, daß du da unter der Kirchhofstür stehst und frierst wie ein Scheit Holz im Winterwalde? Mir täte meine teure Leibeswärme viel zu leid, als daß ich sie so für nichts vom Ostwind wegblasen ließe."
Da erzählte Anna Barbara dem Mann, daß sie ein Waisenkind sei und eben die letzte Anverwandte, die Großmutter, begraben habe. Jetzt wolle sie in die Welt hinaus und sich einen Dienst suchen, wo sie den goldenen Taler gewinnen könne.
„Soso", sagte der dürre Mann und rieb sich nachdenklich seine dünne Nase mit dem Knochenfinger. „Bist du denn wohl auch fleißig und ehrlich und sparsam, früh auf und spät ins Bett, und vor allem genügsam im Essen?"
Anna Barbara sagte, das alles sei sie. Da sagte der dürre Mann: „So steig auf den Schlitten. Du triffst es grade gut: Ich suche eine kleine Magd, die mich und meinen Schimmel Unverzagt versorgt."
Anna Barbara aber zögerte und fragte, wie er denn heiße und wo er wohne und ob sie bestimmt auch den goldenen Taler für ihre Dienste bei ihm bekommen würde.
Da antwortete der Mann: „Ich heiße Hans Geiz und wohne in der großen Ortschaft Überall. Und was den goldenen Taler angeht, so sollst du den bestimmt von mir bekommen, wenn du mir drei Jahre treu dienst." Dazu lachte der Mann ganz freundlich, es klang aber, als ob ein Ziegenbock mekkerte, und der Schimmel verdrehte die Augen so fürchterlich und wackelte so sehr mit seinem haarlosen Schwänzchen, daß es Anna Barbara beinahe mit der Angst bekommen hätte.
Sie bedachte sich aber noch zur rechten Zeit, wohin sie denn sonst gehen solle und daß sie großes Glück habe, gleich auf der ersten Stelle den goldenen Taler zu treffen, den Mutter und Großmutter ihr Lebtage umsonst gesucht hatten.
Sie warf also ihr Bündelchen in den Schlitten und sprang schnell hinterher. Da fuhr Hans Geiz sie böse an und schalt: „Du fängst ja schön an, mein gutes Schlittenholz so abzuschurren! Setze dich fein sachte hin, Holz ist eine teure Sache!" Und als sie traurig nach dem Kirchhof zurücksah und im Gedanken an die tote Großmutter hastiger atmete, mahnte er sie schon wieder: „Atme fein sachte und

vorsichtig, daß du die Lunge nicht zu sehr abnützest! Du hast nur eine, und ist die hin, gibt es keine andere."

Danach rührte er mit der Peitschenschmitze den Schimmel an, und unendlich langsam hob der ein Bein nach dem andern, und unendlich langsam, kaum schneller als eine Schnecke, fuhren sie zum Dorf hinaus. Zuerst sah Anna Barbara den Friedhof entschwinden, dann fuhren sie an der Schmiede vorbei, nun am Haus des Bäckers, wo vor der Tür die Brennholzschwarten bergehoch gestapelt lagen – und nun waren sie zum Dorf hinaus.

Leise fing es an zu schneien. Zuerst tanzten nur einzelne Flocken vom Himmel, aber rasch wurden es mehr und mehr, und schließlich fielen sie so dicht, daß sie das ganze Land verhüllten. Nicht Baum noch Haus, nicht Weg noch Steg sah Anna Barbara mehr, und sie überlegte sich immer wieder, wie man bei solchem Schneetreiben denn den Weg finden könne.

Fragte sie aber ihren neuen Dienstherrn, wo denn die große Ortschaft Überall liege, so antwortete er nur: „Überall!" Und der alte, verhungerte Schimmel lief immer rascher, die Kufen flogen über den knirschenden Schnee, und manchmal war es der Anna Barbara, als führen sie gar nicht mehr auf der Erde, sondern direkt durch die tanzenden Flocken in der Luft, und vom Schimmel sah sie kaum mehr als einen flüchtigen Schatten. Da wollte ihr angst werden; sie sah über den Schlittenrand und meinte, in einen bergetiefen Abgrund voll tanzender Flocken zu schauen, aber dann sah sie wieder ihren Begleiter an und bekam neuen Mut. Denn Hans Geiz hielt ruhig die Zügel, sagte nur manchmal „hüh" oder „hott" und tat, als sei solch sausende Schlittenfahrt nichts Sonderliches.

Schließlich aber war es der Anna Barbara, als senke sich der Schlitten wieder tiefer. Schon meinte sie, durch das Schneegestöber die Umrisse uralter Tannen zu sehen, da hielt mit einem Ruck der Schimmel, und sofort ließ er wieder den Kopf zwischen den Beinen hängen, als wolle er vor lauter Hunger umfallen.

„Da sind wir also wieder zu Haus!" sagte Hans Geiz, aber soviel Anna Barbara auch durch das Schneetreiben spähte, sie vermochte kein Haus zu sehen. Da war nur etwas in dem Schnee, das sah wie ein Haufen altes, verfaultes Stroh aus.

„Wo ist denn das Haus?“ fragte Anna Barbara neugierig. Hans Geiz zeigte nur mit einem „Da!“ auf das alte Stroh und befahl: „Nun hilf mir erst einmal, den Schimmel Unverzagt ausspannen. Dann wollen wir ins Haus gehen und schön zu Abend essen.“

So knüpften und schnallten denn die beiden mit ihren froststarren Händen so lange an dem Schimmel herum, bis er ohne Geschirr dastand. Wieder sah sich Anna Barbara um, wo denn der Stall für den Schimmel wäre. Aber Hans Geiz sagte bloß: „Leg dich, Unverzagt!“, und sofort legte sich der Schimmel in den tiefen Schnee, daß eine Grube entstand. „So – und nun schieb Schnee über ihn ...“, befahl Hans Geiz.

Das alte Tier rollte die Augen wie Bälle und fletschte dazu seine langen, gelben Zähne, aber es half ihm nichts: Es wurde ganz mit Schnee zugedeckt. „Der Winter ist doch die beste Jahreszeit“, lachte Hans Geiz, als das getan war. „Spart Futter und Stall. Da liegt er nun, der Unverzagt, der Frost hält ihn frisch, daß er mir nicht verdirbt, und brauche ich ihn wieder, gieße ich ihm nur ein wenig warmes Wasser auf die Nase, gleich fängt er wieder an zu atmen. – Ja, ja, sparen möchte jeder, man muß es aber auch verstehen! Von mir kannst du viel lernen, Anna Barbara!“

Dem Mädchen tat der Schimmel in der Seele leid, daß er da so im kalten Schnee ohne ein bißchen Futter liegen mußte. Aber sie wagte nichts zu sagen, sondern ging stille ihrem Herrn nach, der auf den alten Strohhaufen geklettert war und nun an einem großen dunklen Loch stand, das in die Erde ging.

„Jaja“, sagte Hans Geiz händereibend zu Anna Barbara, „das ist zugleich Schornstein und Tür und Fenster von meinem Haus. Die Menschen sind doch dumm, daß sie sich mit teurem Gelde Wände aus Stein über der Erde bauen, wo sie doch so einfach mit wenig Kosten in die Erde hinein können. Nun also, fahre mir nach, aber warte, bis ich dich rufe, sonst springst du mir noch auf den Kopf.“

Damit streckte Hans Geiz seine langen, dürren Beine in das Loch, rutschte, und – bums! – war er verschwunden. Anna Barbara hörte nur ein dumpfes, immer leiser werdendes Poltern aus der Tiefe. Es grauste sie sehr, und am liebsten wäre sie fortgelaufen, gleich in der ersten Stunde aus ihrem

ersten Dienst. Aber wohin sollte sie bei solchem Schneegestöber? Sie wäre ja doch nur erfroren am Wege umgesunken!
So ließ sie sich denn, als ein schwacher Ruf aus der Tiefe tönte, wie sie's gesehen, mit den Beinen zuerst hinab. Sausend fuhr sie hinein in den dunklen Erdenschlund, mit geschlossenen Augen fiel sie tiefer und tiefer. Das dauerte endlos lange, aber schließlich landete Anna Barbara ganz sanft auf etwas Weichem, das ihr wie Heu vorkam.
Es war auch Heu, sah sie, als sie die Augen aufschlug. „Nun komm schon", sagte Hans Geiz verdrießlich. „Du hast mich viel zu lange rufen lassen. Von nun an kommst du immer gleich, wenn ich dich rufe." Damit nahm er Anna Barbara bei der Hand und zog sie aus dem dämmrigen Raum, wo sie im Heu gesessen, durch einen Vorhang in einen riesengroßen, hell erleuchteten Saal.
Da bekam Anna Barbara wiederum einen großen Schreck, denn als sie in den Saal traten, saßen rechts und links vom Eingang zwei große, struppige Hunde mit glühenden Augen – die waren größer als Kälber, und fuhren, mit ihren dicken, eisernen Ketten klirrend, zähnefletschend auf Anna Barbara zu.
„Wollt ihr kuschen, ihr Höllenhunde!" rief Hans Geiz die Tiere an, die sofort zurückgingen, aber mit bösem Knurren. „Das ist die Anna Barbara, die bleibt jetzt hier, und der dürft ihr nichts tun, außer sie will ohne meine Erlaubnis aus der Halle."
Die Hunde funkelten Anna Barbara mit ihren roten Augen tückisch an und leckten ihre roten Mäuler mit ihren roten Zungen. Zu Anna Barbara aber sprach Hans Geiz: „Das sind zwei rechte Hunde aus der Hölle, heißen Neid und Gier, mein Vater, der Teufel, hat sie mir geschenkt. Nimmermüde passen sie auf, daß niemand mir mein armes bißchen Habe stiehlt, und außerdem sind sie mir noch zu manchem andern Geschäfte gut. – Ihr Hunde", sprach er und rieb sich fröstelnd die Hände, „seid doch wieder faul gewesen. Kalt ist es in meiner Halle, wollt ihr wohl gleich heizen!"
Da setzten sich die Hunde Neid und Gier auf ihre Hinterteile, rissen die riesigen Mäuler weit auf – und sofort schlugen große Flammen daraus. Denn die Hunde konnten, wenn sie es wollten, blankes Feuer atmen.

„So“, sprach Hans Geiz und rieb sich zufrieden die knochigen Hände, daß sie knackten. „Nun werden wir es gleich warm haben. Ja, man sollte es gar nicht glauben, wie solch Höllenhund Neid oder Gier einem einheizen kann – aber es ist so! – Komm, jetzt wollen wir etwas essen.“
Damit ging Geiz tiefer in die Halle, die von einem sanften grünen Licht erfüllt war. Zuerst konnte Anna Barbara nicht erkennen, woher das Licht kam, dann aber merkte sie, daß es von vielen hunderttausend Glühwürmchen ausströmte, die unter der Decke saßen und leuchteten.
„Du siehst dir meine Beleuchtung an“, sprach Hans Geiz zufrieden. „Ja, das ist auch eine praktische Sache. Bei mir wirst du dir die Hände nicht schmutzig machen mit Lampenfüllen und -putzen. Es sind aber auch alles bewährte, alte Glühwürmchen hier, die mit ihrem Irrlichterieren schon manchen Menschen vom Wege ab und in den Sumpf geführt haben.“
Der Anna Barbara wurde es immer angstvoller zumute, sie dachte bei sich: Dieser Hans Geiz ist ja ein ganz schlechter Kerl, der kann doch unmöglich den schönen goldenen Taler in Verwahrung haben, nach dem Großmutter und Mutter ihr Lebtage gesucht haben! Ach, ich wollte, ich hätte nie diesen Dienst angenommen – hier, in dieser Erdhöhle, in die nie die Sonne scheint, in der kein Blümlein wächst und kein Vogel singt, halte ich es nie drei Jahre aus! – Und voller Schrecken sah sie auf das alte, verschimmelte, zerfallende Gerümpel, das an den Wänden der Halle lag.
Das war aber wirklich ein seltsamer Raum, durch den die kleine Anna Barbara mit ihrem Führer ging! Unendlich lang schien die Halle zu sein, und so weit sie schon gegangen waren, es war immer noch kein Ende abzusehen, und der Eingang, von dem sie kamen, war doch schon so entfernt, daß die beiden Höllenhunde, die groß waren wie die Kälber, jetzt so klein aussahen wie Kätzchen. An den Wänden dieser Halle aber lag zu Bergen aufgehäuft alles alte Zeug, das man sich nur denken kann: Berge zerrissener Schuhe, Türme aus alten Matratzen, denen die Wolle aus dem Bezug hing, Pyramiden von alten Flaschen, und so tausenderlei Zeugs mehr – vor allem aber Papier über Papier.
„Jaja, da staunst du, Anna Barbara“, kicherte der Hans Geiz. „Das bringe ich alles von meinen Fahrten über Land mit.

Ich bin kein ganz armer Mann mehr. Schöne Sachen sind das!“ Er grinste und fletschte dabei seine langen, gelben Zähne, daß die Anna Barbara schon wieder ein Grausen ankam. „Die Leute denken, sie brauchen die Sachen nicht mehr, tun sie weg und vergessen sie. Aber ich bewahre alles auf, denn nichts wird vergessen auf dieser Welt. Das sind Stiefel, mit denen sie einander getreten, Matratzen, auf denen sie faul gewesen sind, Flaschen, aus denen sie einander ‚Prost, Gesundheit!‘ zugetrunken haben und im stillen sich doch alles Schlechte wünschten, und dies ist alles Papier von der Welt, auf dem sie einander bewiesen haben, daß weiß schwarz und Recht Unrecht ist.“
Immer stiller wurde Anna Barbara, traurig ging sie weiter. Es war der erste Abend im neuen Dienst, und doch wäre es ihr am liebsten der letzte gewesen; sie meinte, ihr Herz müßte brechen in den drei Jahren, die vor ihr lagen.
„So, nun wollen wir etwas Schönes essen“, sprach Hans Geiz und fing an, in seinen Taschen herumzusuchen. „Warte, ich habe uns etwas Gutes mitgebracht.“
Sie waren in eine kleine Nische an der Hallenwand gekommen, wie ein Stübchen, dessen Wände freilich nur aus schweren, eichenen Türen bestanden, mit dicken eisernen Beschlägen und schweren stählernen Riegeln und großmächtigen Vorlegeschlössern. Anna Barbara wunderte sich, was wohl hinter diesen drei Türen stecken möchte. Aber, dachte sie, das werde ich in den drei Jahren schon noch alles erfahren.
Unterdessen hatte Hans Geiz alles aus seinen Taschen gezogen, was er zu einem guten Abendessen brauchte: nämlich einen Kanten Brot, der war schimmlig, eine Speckschwarte, die hatte in der Asche gelegen, und einen Apfel, dessen eine Hälfte war faul. „Ein feines Essen, ein Leckerund Schleckeressen!“ rühmte Hans Geiz. „Da müssen wir vorsichtig essen, sonst verderben wir uns den Magen.“ Damit fing er an, den Kanten mit seinem Messer in Stücke zu zerteilen. Anna Barbara aber, die daran dachte, daß sie noch ein Töpfchen reine Butter und einen Laib selbstgebackenes Brot in ihrem Bündel hatte, sagte hastig, sie habe heute abend keinen Hunger.
„Wie du willst“, sagte Hans Geiz gleichgültig und schob alles bis auf ein Stücklein Schwarte und ein Ecklein Brot wie-

der in die Tasche. „Aber denke daran, daß morgen nicht so fett gegessen wird wie heute.“ Und er strich sachte mit der Speckschwarte über das trockene Brot. „Oh, wie schmeckt das kräftig und gut!“ rief er dann. „Die Menschen sind ja dumm, wenn sie meinen, der Speck sei zum Essen da. Zum Einreiben ist er, macht dann schon das Essen so stark, daß man es kaum vertragen kann. Ich reiche mit solch einem Stück Speck fast ein Jahr.“

Damit steckte er die Schwarte in die Tasche, biß noch ein Krümchen vom Brot, kaute es lange, sprach: „Gut gekaut ist halb verdaut – oh, wie bin ich gut satt!“ und hatte so viel gegessen, daß ein Spatz danach hätte Hunger haben müssen. Er aber stand auf und sprach: „Nun will ich dir zeigen, wo du schlafen kannst. Morgen fängt dann die Arbeit an.“

Er führte Anna Barbara in einen kleinen Winkel an der Nische – von ferne hatte es ausgesehen, als sei es nur eine schmale Fuge zwischen zwei Steinen. Als sie aber näher kamen, wurde die Fuge weiter und weiter und ein richtiger Raum. Staubig und rumplig sah's freilich darin aus, die Spinnen hatten ihre Netze kreuz und quer gespannt, und welke Blätter lagen auf der Erde. „Na ja“, sprach Hans Geiz grämlich, „hier sind ja Hängematten genug für zwanzig Mädchen wie dich, und auch Decken liegen da, so viele du nur brauchst.“

Und im gleichen Augenblick sah Anna Barbara, daß das, was sie für Spinnennetze gehalten hatte, Hängematten waren und daß die welken Blätter auf der Erde braune Decken waren. „Schlaf schnell ein, Anna Barbara!“ mahnte Hans Geiz. „Daß du morgen frisch zur Arbeit bist. Und rabantere mir nicht so in der Hängematte, gute Sachen müssen auch gut behandelt werden.“

Damit ging er heraus, und Anna Barbara machte, daß sie schnell in ihre Hängematte kam, so müde war sie. Sie schlief auch sofort ein, und im Traum saß die tote Großmutter neben ihr und sprach: „Ja, du bist auf dem rechten Wege, Kind, dir wird es mit dem goldenen Taler wohl nicht fehlgehen.“ Anna Barbara wollte mit dem Kopf schütteln und sagen, daß ihr diese Stelle gar nicht gefalle. Davon kam aber die Hängematte ins Schwingen, sie schwang immer schneller und höher. Ich werde noch fallen, dachte Anna Barbara im Traum, da fiel sie auch wirklich.

Es tat tüchtig weh, sie schlug die Augen auf, vor ihr stand Hans Geiz. Sie aber lag auf der Erde, und die Schnur ihrer Hängematte war durchgerissen. „Hast du also doch rabantert!“ sprach Hans Geiz. „Bisher bist du noch nicht viel nütze gewesen. – Na, komm. Es ist jetzt droben Morgen, nun will ich dir deine Arbeit zeigen.“
Damit ging er ihr voran in die Nische mit den drei eisenbeschlagenen Türen. Eine von ihnen schloß er auf, und sie kamen in einen Keller, an dessen Wänden Dutzende von Fässern standen. In der Mitte des Kellers stand ein Tischlein mit einem Schemelchen. Auf dem Tischlein lagen ein Tüchlein, ein Brötlein, standen ein Täßchen und ein Fläschchen. Und in der Ecke war ein Lager aus Stroh mit Decken.
„Sieh“, sprach Hans Geiz, „in den Fässern habe ich viel Kupfergeld, aber es ist mir vom langen Liegen schmutzig geworden und sitzt voll Grünspan. So sollst du es mir wieder blank putzen. Mit dem Tüchlein sollst du wischen, und in dem Fläschlein ist ein Wasser, das nimmt den Schmutz fort. Mußt du aber einmal weinen, so tu das ins Fläschlein, davon bekommt das Putzwasser besonders reinigende Gewalt. Das Brötlein ist für dich da zum Essen, und in dem Täßchen ist ein wenig Milch für dich – sie werden nie alle. Aber hüte dich, sie ganz zu verzehren, dann wächst nichts Neues nach, und du mußt verhungern. Nun spute dich und geh an die Arbeit, Mädchen. Wenn du all diese Kupferlinge blank geputzt hast, daß nicht ein Flecken mehr auf ihnen ist, soll dein erstes Dienstjahr um sein, und du sollst ein Drittel von dem goldenen Taler verdient haben.“
Über diese harten Worte fing Anna Barbara bitterlich an zu weinen, und sie rief klagend: „Ach, Ihr hattet mir doch versprochen, ich sollte für Euch und den Schimmel Unverzagt sorgen dürfen, und nun soll ich hier ein ganzes Jahr in diesem traurigen Gewölbe hocken, ohne Sonne und ein grünes Blättchen und ohne eine freundliche Menschenstimme, und Euer schmutziges Kupfergeld putzen – nein, das will ich nicht, und das tue ich auch nicht!“
Und damit lief Anna Barbara, so schnell sie nur konnte, zur Tür. Aber Hans Geiz war noch flinker. Mit seinen langen Beinen sprang er ihr voraus, schlug die Tür vor ihrer Nase zu und rief durchs Schlüsselloch: „Nun sei nur recht fleißig, Anna Barbara, sonst wird dein erstes Jahr gar zu lang.“

Weinend blieb das arme Mädchen zurück, viele Male rief es nach dem harten Hans Geiz und bat um Erlösung, er aber ließ nichts von sich hören. Da sah Anna Barbara, es gab keinen andern Ausweg, als fleißig zu putzen, um möglichst schnell wieder hinauszukommen. So holte sie sich eine kleine Schürze Kupferpfennige an den Tisch, tauchte das Tuch ins Putzwasser und fing an zu reiben. Oh, wie lange dauerte es, bis sie nur einen Kupferling blank hatte! Da wollte sie fast verzagen, wenn sie daran dachte, wieviel Kupferlinge auf dem Tische lagen, und wieviel Tausende erst in einer Tonne, und wieviel Millionen in all den Tonnen an den Wänden! Aber sie dachte bei sich: Klagen nutzt nicht! und putzte emsig weiter, bis sie Hunger bekam.

Sie nahm Brot und Täßlein und fing an zu essen und zu trinken. Aber wie sie im besten Schmausen war und grade merkte, das Brot war so knapp, daß es kaum ihren Hunger stillte, sprach eine feine Stimme: „Gib mir auch zu essen und zu trinken!"

Sie sah auf den Tisch, und sie sah unter den Tisch, sie sah im Keller ringsum, aber sie fand nichts, das zu ihr hätte sprechen können. So dachte sie, die Ohren hätten ihr geklungen, und aß weiter.

Aber kaum hatte sie wieder einen Bissen getan, so kam die Stimme von neuem: „Iß mir nicht alles weg, trink mir nicht alles aus – ich habe auch Hunger und Durst."

Diesmal sah Anna Barbara nicht erst lange umher, sondern sie fragte: „Wo steckst du denn? Ich sehe dich nicht."

„In der Flasche", sprach die feine, piepsige Stimme. „Ich halte dir doch dein Putzwasser sauber."

Da sah sich Anna Barbara die Flasche an, und als sie genau hinschaute, sah sie in ihr ein klein winzig Männlein, nicht größer als der Nagel an ihrem Daumen, das saß in dem Wasser.

„Hast du mich jetzt gesehen?" fragte das Männlein. „Nun hilf mir heraus, daß ich in guter Luft essen kann!" Und als Anna Barbara sich hilflos umsah, wie sie dem Männlein wohl aus der tiefen Flasche durch den engen Hals helfen könne, sagte es ungeduldig: „Nun eile dich doch ein wenig! Meinst du, es ist ein Vergnügen, tagaus, tagein in dem scharfen Wasser zu sitzen?! Hol ein Hälmchen Stroh aus deiner Bettstatt, daran will ich hinausklettern!"

Also holte Anna Barbara ein Hälmchen Stroh, und das Männchen kletterte geschickt daran hoch, setzte sich auf den Flaschenkorken und sprach: „Nun gib mir zu essen und zu trinken."
Da bröselte sie ein Bröckchen Brot ab, tat einen Tropfen Milch in eine Haferschluse und gab ihm beides. Gleich schrie das Männlein: „Mehr! Mehr!!", schlug wütend mit den Armen und fraß und stopfte, daß es blaurot im Gesicht wurde und daß sein Bäuchlein anschwoll wie eine dicke Saubohne. Immer schrie es gleich: „Mehr! Mehr!", und wenn ihm Anna Barbara das Bröselchen nicht schnell genug reichte, so schalt es sie ein faules Mädchen, es werde nun auch faul sein beim Reinigen des Putzwassers.
Schließlich aber war das Männlein gesättigt. Es saß zufrieden auf dem Flaschenkork, baumelte mit den dürren Beinen und sprach: „Oh, wie bin ich schön satt! Das hast du gut gemacht. Nun werde ich dir auch ein Putzwasser bereiten, da sollst du sehen, wie die Arbeit flitzt."
„Kann man denn all die Pfennige überhaupt je blank bekommen?" fragte Anna Barbara ängstlich.
„Das kannst du", antwortete das Männchen kaltblütig. „Wenn du nämlich Ausdauer hast und ich dir helfe."
„Und hat denn Hans Geiz wirklich den goldenen Taler?" fragte Anna Barbara wieder.
„Das wirst du schon erfahren", sagte das Männlein. „Aber so viel kann ich dir heute schon sagen: Er hat ihn und er hat ihn nicht."
Anna Barbara zerbrach sich den Kopf, was das wohl bedeute, da sagte das Männchen: „Nun will ich auch einmal eine Frage tun. Nämlich: wie heißt du denn?"
„Anna Barbara", sagte Anna Barbara.
„Das ist ein schrecklich dummer Name", sagte das Männchen. „Ich werde dich Liebste nennen."
Da mußte Anna Barbara gewaltig lachen, denn daheim in ihrem Dorf nannten die jungen Burschen das Mädchen, das sie einmal heiraten wollten, ihre Liebste. Und wenn sie sich dazu das Männchen ansah, nicht größer als ihr Daumennagel, und bedachte, es wolle sie auch Liebste nennen, so mußte sie eben lauthals lachen.
Sofort wurde das Männlein krebsrot vor Wut und schrie: „Lach nicht so dumm, du albernes Mädchen! Jawohl, Lieb-

ste nenne ich dich, und du wirst mich Liebster heißen, und wenn die Zeit gekommen ist, werden wir heiraten ..."

Da konnte sich Anna Barbara nicht mehr halten. Sie sprang auf, trampelte mit den Füßen vor Vergnügen auf der Erde herum und lachte, so laut sie nur konnte. Denn wenn Anna Barbara das Männchen ansah, mit seinem blauroten, faltigen Gesicht, einem Schädel, blank wie ein Ei, einem strubbligen Bart, mit einem runden Bäuchlein und Armen und Beinen so dürr wie Stecken, und dabei dachte, das sollte einmal ihr Mann werden – so mußte sie eben wie toll lachen.

Das Männchen aber sprang von seinem Korken auf, trampelte auch mit den Füßen auf den Boden, aber vor Wut, und kreischte mit seiner dünnen, piepsigen Stimme: „Warte nur, du böses Mädchen! Wenn du erst meine Frau bist, dann will ich dich für dieses Lachen an den Haaren reißen!"

Und es schüttelte wütend seine Fäustchen gegen Anna Barbara. Als die aber gar nicht mit Lachen aufhörte, fuhr es zornig an der Flasche hoch, sprang hinein und war untergetaucht. Und nur Schaum und Blasen im Putzwasser verrieten noch, daß es weiter darin saß und wütete. –

Bald machte sich auch Anna Barbara wieder an ihre Arbeit, und so flink ging sie ihr vonstatten, daß sie denken mußte: Ist das komische Männchen auch wütend, macht es mir doch das Putzwasser so scharf, daß ich nur einmal über den schmutzigsten Pfennig hinzureiben brauche, und er glänzt wie der liebe Mond.

So arbeiteten die beiden nun viele Tage miteinander. Anna Barbara ließ nicht ab, fleißig zu reiben und zu scheuern, damit ihr Jahr nur recht kurz werde, und jede Tonne, die sie von schmutzigen Pfennigen entleert und mit blanken Pfennigen gefüllt hatte, machte ihr das Herz leichter. Und das Männlein bereitete mit seinen Künsten das Putzwasser immer schärfer, und sie aßen zusammen alle Tage von dem Brot, und sie tranken gemeinsam von der Milch. Aber jedesmal, wenn sie ihre gemeinsame Mahlzeit hielten, gerieten sie in Streit, denn das Männchen hörte nicht auf, sie Liebste zu nennen, und erboste sich jedesmal von neuem, wenn sie darüber zu lachen anfing. Und wenn es sagte, in seinem Hause dürfe sie ihm nur Linsensuppe kochen, aber keine

Erbsen, wollte Anna Barbara grade Erbsen und fragte ihn wohl spöttisch, ob sein Haus die Putzwasserflasche sei und ob sie da auch hinein müsse. Er möge nur die Tür, nämlich den Hals, erst ein bißchen weiter machen.
Immer endete es aber damit, daß das erzürnte Männlein ihr schwere Strafen androhte, wenn sie erst seine Frau sei, und wollte er sie am Anfang nur am Haar reißen, kam es nachher so weit, daß er ihr jedes Haar einzeln ausreißen, die Nase abbeißen und die Augen als dicke Erbsen kochen wollte. Zum Schluß aber fuhr das Männchen immer zornig an seinem Strohhalm in die Flasche und warf Blasen, als gurgele es mit dem Putzwasser.
Zwischen Tag und Nacht war in dem lichtlosen Kellerloch tief unter der Erde, in dem nur die Glühwürmchen leuchteten, kein Unterschied, so wußte Anna Barbara nicht, wieviel Zeit vergangen war, als sie an die letzte Tonne mit Kupferlingen ging. Auf dem Boden dieser Tonne aber lag eine kupferne Glocke, und als sie den letzten Pfennig geputzt hatte, sprach das Männlein zu ihr: „Nun läute die Glocke." Fuhr aber gleich danach in seine Flasche.
Anna Barbara schwang die Glocke. Da fing sie sonderbar an zu summen und zu brummen. Es war der Anna Barbara ganz, als treibe der Kuhhirt im Dorfe daheim die Herde in die Ställe, und die große rotscheckige Kuh vom Müller läute mit der Glocke an ihrem Hals der Herde voran. Als sie aber die Glocke weiterschwang, klirrten die Riegel an der Kellertür, die Tür sprang auf, und herein trat der dürre, gelbe Hans Geiz und sprach grämlich: „Bist du fertig? Hast du auch sauber geputzt? Hast du auch keinen Kupferling ausgelassen?" Und er wühlte in den Tonnen.
Als er aber sah, es war alles ordentlich gemacht, sprach er zu dem Mädchen: „So hast du dir den dritten Teil vom goldenen Taler verdient. Komm mit, daß ich dir die Arbeit weise, mit der du dir das zweite Drittel verdienen kannst."
Da faßte sich Anna Barbara ein Herz und bat den harten Hans Geiz beweglich, er möge sie doch gehen lassen, sie halte es hier nicht aus im öden Keller, ohne eine Menschenstimme, ohne liebe Sonne und ohne bunte Blumen. Das Putzwasser in der Flasche fing an zu brodeln und zu spucken, als sei das Männchen überaus wild. Aber der

Hans Geiz sagte kalt, Vertrag sei Vertrag, er lasse sie erst gehen, wenn sie ihre Zeit abgedient habe. Damit faßte er sie am Arm und wollte sie in einen andern Keller führen.
Anna Barbara aber riß sich von ihm los und lief aus der kleinen Stube in den großen Saal, und sie rannte zwischen den Stiefel- und Matratzenhaufen und zwischen den Bergen von altem Papier, so rasch sie nur rennen konnte. Der Hans Geiz eilte sich gar nicht, denn er wußte ja, sie kann wegen der Hunde Gier und Neid doch nicht heraus. Die Hunde aber, als sie Anna Barbara heranlaufen sahen, sprangen auf, zerrten an ihren Ketten und warfen aus ihren Mäulern so viel glühendes Feuer in die Luft, daß Anna Barbara von der Hitze ohnmächtig hinsank.
Da nahm sie Hans Geiz auf seinen Arm und trug sie gemächlich in den andern Keller, wo er sie auf ein Lager legte.
Als Anna Barbara aus ihrer Ohnmacht erwachte, war sie ganz allein in einem Keller, noch viel größer als der Kupferkeller. Und an den Wänden dieses Kellers standen viele Tonnen mit beschmutztem Silbergeld, und hatten im andern Keller vielleicht zwanzig Tonnen gestanden, so waren es hier vierzig oder gar fünfzig.
Bei diesem Anblick fing Anna Barbara bitterlich an zu weinen, und sie klagte über ihr jämmerliches Leben, das sie nun ewig putzend in öden Kellergewölben verbringen müsse, und nie, nie werde sie das Putzen dieses Silbers bewältigen.
Als sie aber so weinte und klagte, hörte sie ein böses, hämisches Lachen, und als sie aufschaute, saß das Putzwassermännlein auf dem Tisch, lachte sie aus und sprach: „Geschieht dir ganz recht, du ungetreue Liebste! Hast du mir nicht die Heirat versprochen, und nun wolltest du von mir fortlaufen in die Welt hinaus und mich allein im Wasser sitzen lassen –?!"
Zornig rief Anna Barbara: „Gar nichts habe ich dir versprochen! Glaubst du denn wirklich, ich will einen alten Knakker heiraten mit einem Kahlkopf wie ein nacktes Knie, einer Knollennase, blau wie eine Kornblume, und einem Strubbelbart, der mir bei jedem Kuß die Lippen zersticht? Nie und nie wirst du mein Mann werden!"
„So?" fragte das Männchen giftig. „Werde ich nicht dein

Mann?! So helfe ich dir auch nicht beim Putzen, und du kommst nie wieder aus dem Gewölbe!"
Damit fuhr es zornig in die Flasche, aber weder Schaum noch Blasen zeigten, daß es im Putzwasser wohltätig wirke. Und als Anna Barbara wieder an ihre Arbeit ging, mochte sie reiben und polieren, das Silbergeld wollte nicht blank werden. Da warf sie sich verzweifelt auf ihr Lager und dachte: Ich werde nichts mehr essen noch trinken, dann sterbe ich und brauche mich nicht mehr zu plagen. Dann bin ich tot wie die liebe Großmutter und bin vielleicht bei ihr und ohne Not.
Darüber schlief sie ein, und im Traum war ihr, als säße die gute Großmutter neben ihrem Lager und spräche: „Was man sich einmal vorgenommen hat, das muß man auch durchführen, Anna Barbara. Nun halte aus, bis du dir den Goldtaler verdient hast. Mit dem Männlein aber mache deinen Frieden, so oder so, denn es kann dir allein aus diesem Gewölbe helfen. Es wird schon kein Unmensch sein und nichts Unmögliches von dir verlangen."
Da seufzte die Anna Barbara im Traum und sprach: „Er will aber doch, daß ich ihn heirate. Und ich kann doch nicht mit ihm im Putzwasser leben!"
Da verzog die Großmutter das Gesicht recht grämlich und sprach: „Ja, Kind, wenn du nur den goldenen Taler hättest, so ginge auch das wohl!"
Damit entschwand die Großmutter, als zerginge ein Rauch. Anna Barbara aber erwachte davon, daß eine feine Stimme „Hilfe! Hilfe!" rief. Sie sprang auf und sah zwei Ratten, von denen trug die eine das ewige Stückchen Brot im Maul, die andere aber das schreiende Männchen. Anna Barbara griff in die nächste Silbertonne, nahm ein Silberstück und traf die Ratte so geschickt, daß sie das Männlein fallen ließ und quiekend in ihr Loch fuhr. Mit dem andern Silberstück aber traf sie die andere Ratte, daß sie das Brot fahrenließ. Dann lief Anna Barbara zu dem Männlein, hob es auf, trug es an den Tisch und setzte es wieder auf den Flaschenkorken.
Da sprach das Männlein: „Du hast mir nun das Leben gerettet, Anna Barbara, denn die Ratten waren sehr böse auf mich und wollten mich fressen, weil ich ihnen dein Brot nicht lassen mochte. So will ich denn auch nicht weiter in dich dringen, daß du meine Frau wirst, sondern will dir mit

dem allerschärfsten Putzwasser helfen, wenn du mir nur versprichst, mich all dein Lebtage bei dir zu tragen und mich nie und in keiner Not zu verlassen."

Anna Barbara aber antwortete: „Putzwassermännlein, das will ich dir gerne versprechen, weil du dich ja um meines Brotes willen so mutig in Gefahr begeben hast. Und ich will dir auch bestimmt nicht wieder fortlaufen."

So machten sie ihren Frieden und Vertrag miteinander, und von da an erzürnten sie sich nicht mehr. Sie putzten aber so eifrig, daß sie die vielen Silbertonnen schneller blank bekamen als die wenigen Kupferfässer. Auf dem Grund der letzten Silbertonne aber fand Anna Barbara eine schöne Silberglocke, und als sie die schwang, war es ihr, als läute der Küsterjunge das Mittagsglöckchen daheim. Da schwoll ihr vor Sehnsucht nach dem Heimatdorfe das Herz, und vor Heimweh hielt sie es kaum mehr aus.

Doch die Riegel rasselten wie das vorige Mal, und herein trat nur der böse Hans Geiz. Er prüfte ihre Arbeit, und als er sie für gut befunden, führte er das Mädchen am Arm in den dritten Keller. Diesmal machte sie keinen Versuch, ihm wegzulaufen, denn sie wußte, an den Hunden kam sie doch nicht vorbei, und sie durfte ja auch das Putzwassermännlein nicht im Stich lassen.

Im dritten Keller nun standen unendlich viele Tonnen mit roten und gelben Goldstücken. Bei ihrem Anblick rief Anna Barbara freudig aus: „Oh, da wird auch mein goldener Taler dazwischen sein!"

Hans Geiz sprach darauf recht böse: „Vielleicht ist er dazwischen. Wenn du ihn aber nicht findest, so bekommst du ihn auch nicht."

Sprach Anna Barbara angstvoll: „Wie soll ich denn meinen goldenen Taler unter so vielen Tausenden erkennen?"

Sagte der Hans Geiz: „Wenn ihn dein Herz nicht erkennt, so hast du ihn auch nicht verdient. Erkennt ihn aber dein Herz und bekommst du ihn nicht sauber, so hast du ihn wiederum nicht verdient."

Damit ging Hans Geiz und schlug die Türe hinter sich zu. Anna Barbara aber sprach zu dem Männlein: „Kannst du mir denn nicht raten und sagen, welches mein goldener Taler ist?"

Sprach das Männlein traurig: „Hier sind meine Hilfe und

Macht zu Ende. Horche nur auf dein eigen Herz, vielleicht, daß es dir sagt, welches der rechte goldene Taler ist."
So begann Anna Barbara zu putzen, und bei jedem Goldstück, das sie in die Hand nahm, befragte sie ihr Herz, doch ihr Herz blieb stumm. Es fiel dem Mädchen aber auf, daß das Männlein stets stiller und schweigsamer wurde. Gar keinen Scherz machte es mehr, nicht einmal geriet es noch in Wut, und es rührte auch kaum noch ein Bröckchen von dem Brot und ein Tröpfchen von der Milch an.
Sprach Anna Barbara: „Was ist dir, Männlein? Sprichst nicht, issest nicht, trinkst nicht – du bist doch nicht krank?"
Antwortete das Männlein: „Laß mich, Anna Barbara!"
Sagte Anna Barbara: „Nein, ich lasse dich nicht, Männlein. Ich habe dir ja versprochen, dich nie im Leben zu verlassen. Also verlasse ich dich auch jetzt nicht."
Sagte das Männlein mahnend: „Vergiß das auch nicht, Anna Barbara!", fuhr wieder in seine Flasche und wollte um keinen Preis erzählen, was ihm denn fehle.
So kam nach langer Arbeit schließlich die letzte Goldtonne heran, und immer noch war Anna Barbaras Herz stumm geblieben. Aus der letzten Tonne putzte Anna Barbara Goldstück um Goldstück, aber ihr Herz sagte nichts. Schließlich kam sie auf den Boden der Tonne, aber diesmal lag keine goldene Glocke auf dem Boden, sondern nur Goldgeld. Sie putzte es und sprach dann traurig zum Männlein, das auch traurig und bleich auf seinem Korken saß: „Nun habe ich alles Gold in diesem Keller blank geputzt, und meine Dienstzeit ist herum. Aber es hat keine Glocke auf dem Faßboden gelegen, so daß ich den Hans Geiz nicht rufen kann, damit er uns aufschließt. Und den goldenen Taler hat mir mein Herz auch nicht verraten."
Antwortete darauf das Männlein betrübt: „Ich kann dir auch nicht raten und helfen. Aber vielleicht hat Hans Geiz den goldenen Taler listig versteckt – suche doch einmal."
Da machte sich Anna Barbara ans Suchen, aber so emsig sie auch jedes Eckchen und Fleckchen im Keller durchstöberte, sie fand den goldenen Taler nicht.
Als sie sich nun ganz trostlos an den Tisch setzte, sprach das Männlein: „Ich habe Hunger, Anna Barbara, gib mir ein Bröckchen Brot."

Sagte Anna Barbara: „Wir haben doch heute schon gegessen, Männchen. Es sind nur noch ein paar Krümlein da. Die müssen bleiben, damit das Brot nachwächst."
Sprach das Männlein: „Wenn du mir jetzt nicht gleich zu essen gibst, komme ich vor Hunger um und bin tot."
Da dachte Anna Barbara: Es ist ja nun doch gleich, da ich den goldenen Taler nicht gefunden habe. So ist ja alles doch umsonst gewesen, und ich will ihm gerne die letzten Krumen geben, daß er noch einmal satt wird. Morgen müssen wir dann freilich verhungern. Und sie steckte ihm die letzten Krümlein in den Mund.
Froher schlug das Männlein die Augen auf und fing eifrig an, das nahrhafte Brot zu kauen. Plötzlich aber verzog es das Gesicht im Schmerz, griff in den Mund und schrie: „O weh, mein Zahn! Was ist denn da für ein harter Kiesel im Brot –?!"
Und aus dem Munde brachte es etwas, das sah aus wie ein gelbes Steinchen. Als das Männchen es aber in den Händen hielt, fing's an zu wachsen. Schon wurde es ihm zu schwer, hellklingend fiel es auf den Tisch. Hastig griff Anna Barbara danach und hielt es in den Händen. Sie sah's mit Herzklopfen an und rief freudig: „Das ist mein goldener Taler, ich spüre es, mein Herz sagt es mir! Im Brot, in unserm letzten Restchen Brot hat ihn der böse Hans Geiz versteckt, daß wir ihn nur nicht finden!"
Und auch das Männchen wurde nicht müde, den goldenen Taler zu betrachten, und rief: „Jetzt haben wir es, das saubere Goldfellchen. Oh, wie es gleißt und blitzt! Schnell, putze, Anna Barbara! Sieh doch, was ist da noch für ein böser, roter Fleck!"
Anna Barbara hatte den häßlichen roten Fleck auch schon gesehen, geschwind nahm sie das Tüchlein, goß Putzwasser darauf und fing an zu reiben und zu putzen, daß ihr warm ward. Aber – o weh! – je mehr sie rieb, um so röter ward der Fleck, ja, es war ganz, als riebe sie ihn immer breiter über den goldenen Taler hin. Schließlich ließ sie müde die Arme sinken und sprach: „Ich schaffe es nicht. Der Fleck läßt sich nicht wegreiben."
Da sagte das Männlein eifrig: „Gib nur nicht den Mut auf! Gleich fahre ich in die Flasche und bereite dir das schärfste Putzwasser, das es je gegeben hat."

Und es stieg in die Flasche, und es braute, wallte, wogte und werkte darin, es spülte und trieb um, es mischte und es stieg auf und nieder, daß es brodelte und dampfte. Schließlich kam es wieder heraus, setzte sich müde auf den Flaschenpfropfen und sprach: „Nun putze, Anna Barbara, besseres Putzwasser kann ich nicht bereiten."
Anna Barbara goß von dem Wasser auf ihr Läppchen und rieb, und – siehe! – der Fleck wurde heller, und jubelnd rief sie: „Es gelingt! Er wird blank!"
Aber als sie das Läppchen wieder fortnahm, war es, als ginge eine Wolke über den goldenen Taler, und er war wieder fleckig. Da rief sie traurig: „Es fehlt noch ein kleines bißchen an deinem Wasser, Männlein – weißt du denn nicht, was?"
Sagte das Männlein traurig: „Ich habe alles hineingetan, was hineingetan werden muß – wenn noch etwas fehlt, mußt du es hineintun. Weißt du denn nicht, was?"
Antwortete Anna Barbara: „Ich weiß nichts." Es war ihr aber, als müsse sie wissen, was dem Putzwasser noch fehlte, als falle es ihr nur nicht ein. Das Männlein aber sagte betrübt: „So hilft uns auch der goldene Taler nicht zur Freiheit!"
Da saßen sie beide still und betrübt am Tisch, alle lange Arbeit war umsonst getan, sie kamen doch nicht hinaus. Nach einer Weile aber sprach das Männchen mit schwacher Stimme: „Ich weiß nicht, was mit mir ist, Anna Barbara. Erst habe ich gar nichts essen können, und nun muß ich immerzu essen. Gib mir noch ein wenig Brot."
Anna Barbara aber rief: „Du weißt doch, Männlein, daß du unsere letzte Krume Brot gegessen hast. Nun haben wir nichts mehr zum Nachwachsen."
Da klagte das Männlein: „O weh! O weh! Nun muß ich gewiß sterben." Und es fiel schwach von seinem Korken. Anna Barbara nahm es in die Hand, und als sie den kleinen Mann, der so lange Zeit ihr Geselle gewesen war und ihr getreulich bei aller Arbeit geholfen hatte, bleich und wie sterbend sah, da dachte sie nicht mehr an seine Knollennase, seinen kahlen Schädel und den Strubbelbart, sondern ihre Augen gingen über von herzlichen Mitleidstränen, und sie rief: „Lieber Geselle, laß mich doch nicht allein! Bleibe bei mir, guter Gesell!"

Eine ihrer Tränen aber fiel auf den goldenen Taler, sie zischte auf, als sei sie auf etwas Glühendes gefallen, ein kleines Wölkchen stieg empor, und als es verflogen war, lag der goldene Taler fleckenlos da.
Jubelnd rief Anna Barbara: „Lieber Geselle, wach auf! Der goldene Taler ist blank!"
Mit schwacher Stimme fragte das Männlein: „Meinst du denn wirklich, daß ich dein lieber Geselle bin, der dich nie im Leben verlassen darf?"
„Das meine ich ganz wirklich", sagte Anna Barbara.
„Willst du mich dann auch Liebster nennen, und darf ich dich Liebste nennen?" fragte das Männchen.
„Jawohl will ich das und jawohl darfst du das", antwortete Anna Barbara.
„So gib mir darauf einen Kuß!" verlangte das Männlein.
„Das wollte ich wohl gerne tun, Liebster", lachte Anna Barbara. „Aber du bist ja so klein wie der Nagel an meinem Finger – ich habe Angst, ich werfe dich mit meinen Lippen um!"
„Wenn es weiter nichts ist", sagte das Männlein, „so rühre mich nur einmal mit deinem goldenen Taler an." Das tat Anna Barbara, und sofort fing das Männchen an zu wachsen und hörte nicht eher damit auf, bis es ebenso groß war wie Anna Barbara.
„Wie ist es denn nun mit dem Kuß, Liebste?" lachte es und war eigentlich ganz greulich anzusehen mit seinen Spinnenarmen und -beinen, seiner blauen Nase und dem Kegelkugelkopf.
Anna Barbara aber sagte: „Mein Geselle bist du ja doch, wenn du auch greulich anzusehen bist", und gab ihm einen Kuß. Unter dem Kuß aber spürte sie, wie sich das Männlein verwandelte, und als sie es losließ, stand ein schöner, junger Mann vor ihr und sah sie lächelnd an.
„Ja, ich bin das Männlein aus dem Putzwasser", sprach er. „Und du hast mich erlöst, Anna Barbara. Wie du war auch ich auf der Suche nach dem goldenen Taler, fiel in die Hände des bösen Hans Geiz und mußte für ihn putzen. Aber ich hatte nicht deine Geduld, putzte nur weniges und das schlecht. Da hat er mich zur Strafe ins Putzwasser gesteckt und zum alten Putzwassermännlein gemacht. – Nun aber nimm deinen goldenen Taler in die

Hand, und ich nehme meine Flasche mit Putzwasser – wir wollen machen, daß wir endlich wieder die liebe Sonne schauen."

Damit gingen sie an die Tür, und Anna Barbara klopfte mit ihrem goldenen Taler dagegen. Da flogen die Riegel zurück, und die Schlösser sprangen auf, und sie konnten hindurchgehen. Auf der andern Seite der Tür aber stand der böse Hans Geiz, gelber und dürrer als je, und sprach: „Du darfst gehen, Anna Barbara, denn du hast alles getan, was du tun solltest. Aber deinen Liebsten mußt du hierlassen, der darf nicht hinaus."

„Wenn er hierbleiben muß, so bleibe ich auch hier", sprach Anna Barbara mit fester Stimme. Ihr Liebster aber rief: „Laß mich nur machen!" Und er spritzte aus dem Fläschchen Wasser in das Gesicht von Hans Geiz. Da schrie der auf vor Schmerz: „Oh, wie das brennt und wehe tut! Lauft nur immer, ihr Dummen, an den Hunden Gier und Neid kommt ihr doch nicht vorbei!"

Und sie liefen durch den langen Saal mit dem alten Gerümpel, und von ferne sahen sie die Hunde schon an ihren Ketten zerren und Feuer blasen. Als sie aber näher kamen, spritzte der Jüngling wieder Putzwasser aus seiner Flasche, und vor Schmerzen jaulend verkrochen sich die Hunde und ließen die beiden vorüber.

Nun aber standen sie in dem kleinen Vorraum, von dem der dunkle Schacht himmelhoch hinaufging, und ganz oben sahen sie einen kleinen blauen Fleck, das war der liebe Himmel, den sie so lange nicht gesehen. Es gab aber keine Tür aus dem Vorraum und keine Treppe den Schacht hinauf, und sie fanden keinen Weg hinaus.

Sie wollten schon fast verzagen, da hörte Anna Barbara in der Ferne ein Getrapps, und sie machte ihre Stimme laut und schrie: „Hör mich, Schimmel Unverzagt!"

Nach einer Weile verschwand der kleine Himmelsfleck oben, denn der Schimmel schaute hinab und fragte: „Wer ruft?"

„Das Mädchen", rief Anna Barbara, „das du im Winter hierhergefahren, und ihr Liebster. Kannst du uns denn nicht hinaushelfen?"

„Das kann ich vielleicht", antwortete der Schimmel. „Wollt ihr mich dann aber auch immer bei euch behalten und mir

gut zu fressen geben und mich im Winter nicht auf Eis legen?“
„Das versprechen wir dir!“ riefen die beiden.
„So wartet ein Weilchen“, sagte der Schimmel, „bis die Haare an meinem Schwanze lang genug gewachsen sind.“
So standen sie ein Weilchen, aber plötzlich sagte Anna Barbara: „Mich kitzelt was an der Backe, Liebster!“
Antwortete er: „Mich krabbelt was im Nacken, Liebste.“
„Was mag das wohl sein?“ fragten sie, und als sie hinfaßten, hielt jedes ein Pferdehaar. „Wir wollen sehen, ob es fest genug ist“, sprachen sie, und sie hingen sich daran. Und das Haar hielt, und sie zogen sich daran empor.
Da waren sie oben, und nach langer Zeit standen sie wieder in der lieben Sonne und sahen das Himmelslicht und das gute Grün von Gras und Baum. Sie hörten die Vögel singen und rochen den Duft der Blumen.
Da sanken sich die beiden in die Arme und waren sehr froh und küßten sich. Dann aber setzten sie sich auf den Schimmel Unverzagt, und er ging fort mit ihnen und hörte nicht eher auf zu gehen, bis sie vor dem Haus hielten, in dem Anna Barbara mit ihrer Großmutter gelebt hatte. Dahinein gingen sie, die jungen Leute in die Stube, der Schimmel aber in den Stall. Und dort lebten und arbeiteten sie nun, und sie waren immer glücklich, weil sie den goldenen Taler hatten. Denn wer den ohne Fleck in allem Glanze hat, der ist immer glücklich.
Der Schimmel Unverzagt aber wohnte noch lange bei ihnen und hatte es gut. Als er aber starb, wurde er hinter dem Haus unter einem Apfelbaum begraben und ihm ein Grabstein gesetzt mit folgendem Vers:

Hier ruht der Schimmel Unverzagt,
Den Geiz in kaltes Eis gepackt.
Der goldne Taler wärmt ihn auf,
Zufrieden war sein letzter Schnauf.
Nun ruht er aus von aller Müh,
Er war ein herzlich gutes Vieh.

Geschichte vom unheimlichen Besuch

Es war einmal ein Junge, den nannten seine Eltern den Husch, weil er stets so eilig weghuschte, und er war überhaupt das schnellste und leiseste Kind von der Welt. Wenn man ihn suchte, war er grade weggehuscht, und wenn seine Mutter sich die Kehle nach ihm ausrief, kam er unter dem Küchentisch hervorgehuscht. Darum hieß er der Husch.
Der Husch aber kannte kein größeres Vergnügen, als sich zu verstecken, daß alle nach ihm suchen mußten. Da half kein Bitten und kein Reden und kein Schelten, er konnte es nicht lassen, er mußte sich verstecken. Und Prügel halfen auch nicht. Sollte es zum Mittagessen gehen, und alle liefen durcheinander, wuschen sich die Hände und riefen dazwischen nach dem Husch, so saß der ganz still und leise in der Holzkiste am Herde, hielt den Atem an und freute sich wie ein König, daß sie nach ihm liefen und lärmten.
Hatte seine Mutter ihn aber am Abend ins Bett gebracht und rief nur schnell den Vater, daß der ihm gute Nacht sagte, so huschte der Husch schnell aus seinem Bett, setzte sich oben auf den Kleiderschrank und sah stillvergnügt zu, wie seine Eltern nach ihm liefen und riefen.
So ging es eine lange Zeit, und der Husch ließ nicht vom Verstecken.
Nun begab es sich, daß der Husch an einem Sonntagnachmittag allein zu Hause saß, denn seine Eltern waren ins Dorf zu Freunden gegangen. Der Husch saß auf einem Stühlchen am Fenster und sah zu, wie es draußen immer mehr und immer größere Blasen auf den Pfützen regnete. Dazwischen malte er aus seinem Tuschkasten ein Bild an, darauf waren eine Sonne, ein Mond und viele Sterne, und alle zusammen lachten und tanzten Ringelreihe. Die Sterne aber waren schwierig auszumalen, wegen ihrer vielen Zakken, darum machte der Husch von Zeit zu Zeit eine Erholungspause und sah aus dem Fenster nach dem Regen.
Als er nun wieder einmal hochschaute, sah er das Hoftor gehen, als käme einer herein, es war aber keiner zu sehen. Der Hofhund an seiner Kette fuhr los, wie wenn etwas Fremdes auf dem Hof wäre, und blaffte böse. Plötzlich aber

winselte er, als habe er einen Schlag bekommen, und kroch angstvoll in seine Hütte.

Das kam dem Husch seltsam vor, rasch huschte er hinter die Gardine und versteckte sich so, daß er auf den Hof sehen konnte, ohne gesehen zu werden. Er sah aber gar nichts. Der Hund hockte winselnd in seiner Hütte, und auf den Pfützen regnete es Blasen. Und doch hatte der Husch das bestimmte Gefühl, es sei da etwas Fremdes auf dem Hof.

Nach einer Weile war es dem Husch, als sähe ein Gesicht von draußen durch die Scheibe, durchs Fenster. Wie sehr er aber auch durch die Gardine blinzelte, er sah nichts als das blanke Glas und den Regen auf dem Hof. Das ist doch wunderbar, dachte der Husch. Da ist jemand und ist doch nicht zu sehen. Wenn der sich versteckt, kann er's noch besser als ich.

Indem ging die Küchentür ins Haus hinein. Aber der Husch konnte spähen, daß ihm die Augen vom scharfen Zusehen tränten, er sah keinen hineingehen, und doch ging die Tür so ordentlich wieder zu, als habe jemand auf die Klinke gedrückt. Hineingegangen ist bestimmt jemand, dachte der Husch, wenn ich ihn auch nicht gesehen habe. Nun, wenn der sich verstecken kann, ein bißchen kann ich es auch! Und – husch! – huschte der Husch in den großen Schrank und zog die Tür fest hinter sich zu. Er wußte aber, daß er durch das Schlüsselloch alles sehen konnte, was in der Stube vorging.

Eine Weile sah er gar nichts als eben die Stube, dann aber sah er, wie langsam und leise die Stubentür nach der Küche hin aufging. Er sah, wie die Klinke niedergedrückt wurde, aber die Hand, die auf der Klinke lag, sah er nicht. Das war doch eine ganz tolle Geschichte! – vor lauter Aufregung und Staunen vergaß der Husch fast das Atmen.

Nun ging die Tür wieder zu, und der heimliche Besucher war wohl in der Stube, aber zu sehen war er noch immer nicht. Dafür hörte der Husch etwas, er hörte, wie eine rauhe, tiefe Stimme sagte: „Nein, wie schön warm und trokken ist es in so einem Menschenhaus! Das ist ja noch viel besser als die schönste Höhle im Walde!"

Und eine feine Stimme antwortete: „Habe ich dir das nicht gleich gesagt? Sieh dir bloß mal an, was du dir für ein schö-

nes Lager auf dem Sofa mit all den Kissen und Decken machen kannst!"
Sieh da! Sieh da! dachte der Husch in seinem Schranke ganz verwundert. Es ist also nicht nur einer, es sind sogar zwei, die sich heimlich in unser Haus geschlichen haben! Und alle beide sieht man nicht. Das ist doch wirklich eine wunderbare Geschichte. Und er spähte durchs Schlüsselloch, daß ihm die Augen aus dem Kopf traten.
„Jawohl, das wird ein schönes, warmes Lager für mich werden", sagte wieder die tiefe Stimme. „In diesem Winter brauche ich nicht zu frieren. Aber erst müssen wir das Menschengesindel loswerden."
„Das ist doch ganz einfach", sagte die feine Stimme. „Wenn die Frau und der Mann und der Junge zurückkommen, gibst du ihnen einfach mit deiner Tatze was auf den Kopf, daß sie tot umfallen. Dann haben wir das ganze Haus für uns alleine."
Oh, wie angstvoll wurde dem Husch in seinem Schranke zumute, als er diesen fürchterlichen Plan hörte! Wie gerne wäre er aus dem Schranke gesprungen, wäre ins Dorf gelaufen und hätte die Eltern gewarnt! Aber das konnte er ja nicht. Die unsichtbaren Besucher hätten ihn sicher totgeschlagen, ehe er aus der Stube kam. Er konnte sie ja nicht sehen, sie aber konnten sofort sehen, wenn er nur die Schranktür aufmachte. So beschloß er, still im Schrank auszuharren, vielleicht gab es doch noch eine Gelegenheit, zu entwischen und die Eltern zu warnen.
„Ja, das sagst du so", sagte die tiefe Stimme jetzt ganz brummig. „Bei dir klingt das ganz einfach: Tatze auf den Kopf und tot. Ich aber habe die Arbeit davon! Und vielleicht hat der Mann gar etwas zu schießen und schießt mich tot."
„Du bist doch wirklich nicht sehr klug!" sagte die feine Stimme höhnisch. „Wie kann der Mann dich denn schießen, wenn er dich gar nicht sieht?! Ja, wenn wir die Zauberkappen nicht hätten –! Aber das war eben auch mein kluger Gedanke, die den Zwergen zu stehlen!"
„Du magst so klug sein, wie du willst", sagte die tiefe Stimme ärgerlich, „ohne mich kannst du doch nichts machen, und die Hauptarbeit muß ich tun! Und wenn die Zauberkappen auch ganz nützlich sind, so machen sie doch

schrecklich warm auf dem Kopfe. Mich juckt es überall, und ich muß mich jetzt kratzen!"

Der Husch guckte durch das Schlüsselloch, was er gucken konnte. Erst sah er gar nichts, dann sah er etwas wie viele Haare, aber es war gleich wieder weg. Nun aber fiel etwas nieder auf die Erde, und – siehst du wohl! – da stand ein riesiger Bär in der Stube, so groß, daß er fast mit dem Kopf an die Decke stieß, und kraulte sich den Schädel mit seinen ungeheuren Tatzen. Dem Husch verging fast das Atmen vor Schreck! So ein böses, wildes Tier hatte er noch nie gesehen! Und wie der Bär nun gar das Maul zum Gähnen aufriß und seine mächtigen Zähne und die dicke, rote Zunge zeigte, da machte der Husch lieber schnell die Augen zu und hielt sich an den Mänteln im Schranke fest, um nicht vor Schreck umzufallen.

Aber hören konnte er deswegen doch noch, und so hörte er, wie die feine Stimme sagte: „Wenn du die Zauberkappe abnimmst, so nehme ich die Kappe auch ab. Die Leute kommen sicher vor Dunkelwerden nicht nach Haus, da können wir noch ein Schläfchen tun. Sieh – daß du es weißt, Bär, hier lege ich die Kappen auf das Tischchen. Da kannst du sie gleich langen, wenn der Mann und die Frau und der Junge kommen."

„Schön!" sagte der Bär, und der Husch hörte, wie er sich auf das krachende Sofa legte. „Nun will ich ein schönes Schläfchen tun, daß ich auch Kräfte genug habe für meine drei Schläge."

Der Husch konnte es nicht lassen, die Neugierde überkam ihn, er hielt sein Auge wieder an das Schlüsselloch, und da sah er neben dem Bären, der sich auf das Sofa geworfen hatte, einen Fuchs stehen, einen richtigen, roten Fuchs, mit dreieckigem Gesicht, grasgrünen Augen und einer schön geschwungenen Lunte.

„Schnarche aber nicht, Bär", sagte der Fuchs. „Sonst kann ich nicht hören, wenn die Leute zurückkommen."

„Ich schnarche, soviel ich will!" meinte der Bär patzig. „Wenn ich ordentlich schlafen will, muß ich auch schnarchen können. Setz du dich nur ans Fenster und paß gut auf – dafür bist du ja da!"

Damit drehte sich der Bär auf dem Sofa um, daß der Husch dachte, es müßte zusammenbrechen, und fing an zu schnarchen, daß die Wände wackelten und die Fensterscheiben klirrten. Warte nur, du oller Bär! dachte der Husch in seinem Schranke wütend. Liegst du mit deinem schmutzigen, nassen Fell auf meiner Mutter schönen, hellen Sofakissen und machst sie ganz dreckig! Warte nur, vielleicht erwische ich dich doch! Und dabei sah er sehnsüchtig nach den beiden Zaubermützen, die nahe beim Schrank auf dem Tischchen lagen.

Aber die waren nicht zu kriegen, denn einmal war die Schranktür dazwischen, zum andern war der Fuchs noch da, und der sah mit seinen listigen, grünen Augen ganz so aus, als ließe er sich nicht so leicht beim Aufpassen betrügen.

Der Fuchs spazierte im Zimmer hin und her und sah sich neugierig alles an. Von Zeit zu Zeit schaute er auch zum Fenster hinaus, und dann bekam der Husch es immer mit der Angst, die Eltern könnten jetzt kommen. Schließlich entdeckte der Fuchs den großen Stehspiegel an der Wand, und der gefiel ihm über die Maßen, denn der Fuchs ist ein sehr eitles Tier und sieht keinen lieber als sich selbst. Er stellte sich also vor den Spiegel, genauso feierlich wie der Husch in der Schule, wenn er ein Gedicht vor der ganzen Klasse aufsagen mußte, legte die eine Pfote auf sein Herz, strich sich mit der andern seinen stattlichen Schnurrbart, zwinkerte sich selber freundlich zu und sprach laut zu seinem Spiegelbilde: „Ei, du schöner Fuchs! Ei, du kluger Fuchs! Du gefällst mir ganz ausgezeichnet! Ich liebe dich, Füchslein!“

Dabei machte er, immer noch die Pfote auf seinem Herzen, eine tiefe Verbeugung vor sich selbst, daß dem Husch im Schrank das Lachen ankam, so stark, daß er es nicht mehr halten konnte. Er fuhr zwar gleich mit dem Kopf in die Mäntel, daß es nicht zu hören sein sollte – die feinen Ohren des Fuchses aber hatten doch etwas vernommen. Mit einem Ruck fuhr der Fuchs herum und sprang auf den Schrank zu.

Der Husch hielt die Schranktür von innen zu, der Fuchs arbeitete mit der Pfote von außen daran. Aber er war nicht groß genug, ans Schloß zu gelangen. Gleich sprang er zum schnarchenden Bären, schüttelte ihn und rief: „Brummbär, ich glaube, es ist wer im Schrank!“

Der Bär schnarchte weiter. So leicht ließ er sich nicht wachkriegen. Der Fuchs schüttelte stärker und schrie lauter. Husch, der merkte, der Fuchs am Sofa sah nicht nach dem Schrank, sondern nur auf den schlafenden Bären, machte die Schranktür ein wenig auf, langte hinaus und – wutsch! – hatte er die beiden Zaubermützen vom Tisch geschnappt. Die eine steckte er in die Tasche, die andere setzte er auf den Kopf. Eins, zwei, drei! – Zauberei! – sah er sich selbst nicht mehr, nicht seine Hände, nicht seinen Leib, die Beine nicht, auch keinen Anzug, den er doch anhatte – weg war er und war doch da! Faßte sich an die Nase, zwickte sich hinein. Weh tat es, aber es war nichts zu sehen: keine Hand, die die Nase zwickte, und wie er auch schielte, keine Nasenspitze! Das war eine höchst wunderbare Sache, solche Zaubermütze!

Der Fuchs unterdessen hatte mit Schütteln und Rufen den Bären halb wach bekommen.

„Was willst du denn, Fuchs?" fragte der Bär verschlafen. „Sind die Leute schon da, die ich totschlagen soll?"

„Ich glaube, es ist einer im Schrank, Bär!" rief der Fuchs aufgeregt.

„So sag ihm, daß er rauskommen soll", sprach der Bär. „Dann will ich ihn tatzen!"

„Ich krieg die Schranktür nicht auf!" rief der Fuchs.

„Du bist doch zu gar nichts zu gebrauchen, Fuchs", sprach der Bär. „Dann muß ich also aufstehen." Und gähnend setzte er sich auf dem Sofa hoch.

Der Husch hatte schon gemerkt, sie wollten jetzt in den Schrank schauen, schnell war er aus dem Schrank geschlüpft – die beiden sahen ihn ja nicht wegen der Zaubermütze –, und eins, zwei, drei hatte er sich oben auf den Schrank gesetzt.

Der Bär sah mit seinen verschlafenen, kleinen, roten Augen den Schrank an. „Fuchs!" sagte er böse. „Was redest du für Sachen?! Die Schranktür ist ja offen!"

Der Fuchs sah ärgerlich den Bären an. „Wisch dir doch deine kleinen Triefaugen, Bär!" antwortete er. „Ich habe mit meiner Pfote an der Schranktür gewerkt und gearbeitet, sie ging nicht auf."

„Was habe ich für Augen?" brummte böse der Bär und tat einen gewaltigen Tatzenschlag nach dem Fuchs.

Der aber war auf seiner Hut gewesen, machte einen großen

Sprung, sah dabei, daß die Schranktür wirklich offenstand, und rief erstaunt: „Wunder über Wunder! Der Schrank steht offen!"
„Siehst du, Fuchs", sagte der Bär zufrieden, „wer hat nun die besseren Augen, du oder ich? Nun wollen wir einmal sehen, ob wenigstens jemand im Schranke steckt."
Damit stand der Bär auf und fing an, mit seinen großen Tatzen im Schrank zwischen den guten Kleidern zu wühlen. Keiner hatte dem Bären die Krallen im Walde geschnitten, so erging es den Kleidern übel: Der Bär riß und fetzte, so daß, was er anrührte, gleich in Lumpen hing. Das ärgerte den Husch sehr, er wußte, die Kleider hatten viel Geld gekostet, er hörte, wie Bänder platzten, Aufhänger abrissen ... Vaters Schirm hing außen am Schrank – der Husch nahm den Schirm und gab mit aller Gewalt dem Bären einen Schlag über den Schädel ...
Knacks! sagte der Schirm und brach mittendurch. Der Bär fuhr sich mit der Tatze über den Kopf und sprach: „Fuchs, ich glaube, es gibt ander Wetter, die Mücken stechen!"
Der Fuchs indessen schrie aufgeregt: „Bär, ein Dieb ist in der Stube, unsere Zaubermützen sind fort!"
Der Bär drehte sich um und sprach unmutig: „Was redest du nur heute alles für Zeug, Fuchs?! Erst weckst du mich, weil die Schranktür zu ist – sie steht aber offen. Dann soll jemand im Schrank sein – es ist aber niemand drin. Nun soll sogar ein Dieb im Zimmer sein – ich sehe ihn aber nicht!"
„Bär!" sagte der Fuchs. „Wenn nun der Dieb im Schrank saß?"
„Es saß aber keiner im Schrank!" sagte der Bär.
„Und wenn er dann die Zaubermütze stahl?" fragte wieder der Fuchs.
„Warum hast du sie denn so hingelegt, daß er sie stehlen konnte?" fragte ärgerlich der Bär.
„Und wenn er dann die Zaubermütze aufgesetzt hat?" fragte wieder der Fuchs.
„Und was macht er mit der andern?" fragte dagegen der Bär.
„So kannst du ihn doch nicht sehen!" schloß der Fuchs.
„Da hast du freilich recht, Fuchs!" sagte nach einigem Nachdenken der Bär. „Wenn er die Zaubermütze auf dem

Kopf hat, kann ich ihn nicht sehen. – Du hast wirklich ein großartiges Verstandeskästlein, alles rauszukriegen, Füchslein. Was soll ich nun machen?"
„Laß mich eine Weile nachdenken, Bär", sagte der Fuchs. „Die Zaubermützen müssen wir wiederbekommen, soviel ist sicher."
„Das müssen wir", sagte auch der Bär.
„Aus dem Zimmer ist er noch nicht", überlegte der Fuchs. „Stell du dich an die Tür, Bär, daß er nicht raus kann – ich will auf die Fenster aufpassen."
So stellte sich der Bär gegen die Tür, der Fuchs aber saß am Fenster und dachte nach. Dem Husch wurde himmelangst, denn dem Fuchs traute er zu, daß er ihn trotz der Zaubermütze fing.
„Bär", sagte der Fuchs nach einer langen Zeit, und der Husch auf dem Schrank spitzte die Ohren, um auch genau zu hören, welch listiger Plan nun kam. „Bär", sagte der Fuchs traurig.
„Was ist denn, Fuchs?" fragte der Bär. „Was redest du denn so traurig wie eine Eule nachts im Walde?"
„Bär", sagte der Fuchs noch trauriger. „Mir ist nichts Schlaues eingefallen. Wie wir es auch anstellen, den Dieb in der Zaubermütze kriegen wir nicht zu sehen; da ist es schon besser, wir gehen in den Wald zurück."
„Ich geh nicht wieder in den Wald zurück!" sagte der Bär trotzig. „Hier ist es warm und trocken, im Walde aber ist es kalt und naß – ich bleibe hier! Und wenn die Leute kommen, schlage ich sie mit meinen Tatzen tot!"
„Wenn du aber keine Zaubermütze aufhast, schießen sie dich tot", sprach der Fuchs.
Vor dem Schießen hatte der Bär gewaltige Angst. „Nein, geschossen will ich nicht werden", sagte er. „Das tut weh. Aber hier weggehen will ich auch nicht." Er dachte lange nach. „Weißt du was, Fuchs", sagte er dann. „Ich habe gesehen, draußen im Küchenherd ist Feuer. Rücken wir hier die Möbel zusammen, stecken wir sie in Brand, schließen wir die Türe ab – verbrennt der Dieb. – Siehst du, da habe ich nun auch einmal einen schlauen Gedanken gehabt, Fuchs!"
„Das hast du, Bär", sagte der Fuchs lobend. „Da hast du einen Gedanken gehabt, so groß und dick, fast wie dein

Kopf." Dem Husch, als er das hörte, wurde auf dem Schranke sehr angst. Er fürchtete, er würde nun gleich verbrannt werden ...

„Aber, Bär", fuhr der Fuchs fort, „ich fürchte, es wird doch nicht gehen. Wenn wir den Dieb verbrennen, verbrennen wir mit dem Dieb nicht auch die Zaubermützen? Und verbrennen wir nicht mit den Zaubermützen das ganze Haus, in dem wir doch wohnen möchten? Nein, nein, Bär, es bleibt uns nichts übrig, wir müssen in den Wald zurück."

Als der Bär das hörte, setzte er sich – plumps! – auf den Boden, wo er stand, steckte die Hinterpfote ins Maul, weinte los und schrie: „Ich will aber nicht in den Wald! Ich will in dem schönen, warmen Haus bleiben! Ich will nicht wieder frieren und hungern!"

„Nun, nun, Bär", sagte der kleine Fuchs begütigend zu dem großen Bären, „weine bloß nicht so! Das hilft nun alles nichts, in den Wald mußt du wieder. Sei ein artiger Bär und komm mit mir!"

Der Bär weinte, daß ihm die blanken Tränen über die Nase liefen, aber er ließ sich ganz brav vom Fuchs am Ohr aus der Stube führen. „So ist es recht, Bär", lobte der Fuchs. „Aber damit du doch noch eine Freude hast, ehe wir beide wieder in den Wald ziehen, gehen wir jetzt in den Schweinestall. Du schlägst ein Schwein tot, und wir essen einen schönen, fetten Schweinebraten!"

„Jawohl, Schweinebraten!" weinte der Bär und fing zwischen seinen Tränen doch schon wieder an zu lachen. „Schönen, fetten Schweinebraten – brumm! Brumm!"

Damit gingen die beiden aus dem Zimmer, machten die Tür nach der Küche zu, und der Husch auf dem Schranke oben war wieder allein. Das ist noch einmal gut gegangen, dachte er, aber er traute den beiden doch nicht ganz. Er kletterte vom Schrank, ging ans Fenster und sah hinaus. Er sah nur den leeren Hof, in den Pfützen pladderte der Regen.

Sind die beiden nun vorbei oder sind sie nicht vorbei –? überlegte er. Aber weil der Hund nicht gebellt hatte, dachte er: Sie sind noch nicht vorbei. Er horchte, aber er hörte kein Schwein quieken, und ein Schwein quiekt doch gewaltig, ehe es stirbt.

Also sind sie auch nicht in den Stall gegangen, überlegte er. Also sitzen sie noch in der Küche. Also hat sich der Fuchs bloß verstellt, und sie lauern auf mich. Also kann ich auch nicht fort, und ich müßte doch fort und die Eltern warnen. Was mach ich bloß? überlegte er. Aus dem Fenster komme ich auch nicht. Wenn ich das aufmache, sehen sie's aus der Küche. Der Bär stellt sich davor, und ich mag unsichtbar hinauskriechen, er fühlt mich doch – ein Schlag, und ich bin weg!

So überlegte der Husch und grübelte in seinem Kopf, und es war ihm, als könnte er keinen Ausweg finden, müsse als Gefangener sitzen in der Stube und vielleicht gar mit anhören, wie die lieben Eltern in die Gewalt des Bären und des Fuchses gerieten. Plötzlich aber fiel ihm etwas ein. Er griff in die Tasche und zog die zweite Zaubermütze heraus. Nun holte er den zerbrochenen Schirm des Vaters – ein bißchen hielt er noch.

Leise, leise ging er zur Küchentür und lauschte. Erst hörte er nichts, dann meinte er den Bären schnaufen zu hören.

Richtig! Jetzt flüsterte der Bär gar: „Du, Fuchs!"

„Pst!!" machte der Fuchs.

War der Bär ruhig. Nach einer Weile aber hielt er es doch nicht mehr aus, wieder flüsterte er: „Du, Fuchs!"

„Pst!" machte der Fuchs.

„Ich will doch bloß was sagen!" maulte der Bär.

„Stille sollst du sein!" sagte der Fuchs.

„Du, Fuchs!" machte der Bär.

„Pst!!!" machte der Fuchs böse.

„Ich will doch bloß sagen, daß er nicht kommt", sagte der Bär.

„Pst!" machte der Fuchs.

„Du, Fuchs!" rief der Bär.

„Bist du jetzt ruhig?!" schrie der Fuchs wütend.

„Hast du's gehört, Fuchs?" fragte der Bär.

„Was denn –?" fragte der Fuchs.

„Was ich gesagt habe", sagte der Bär. „Ob du das gehört hast?"

„Du sollst aber gar nichts sagen!" schrie der Fuchs wieder ganz wütend.

„Aber ich habe doch nur gesagt, daß er nicht kommt", meinte der Bär.

„Pst!" machte der Fuchs.

„Du, Fuchs?" fragte der Bär.

„Was denn schon wieder?“ flüsterte der Fuchs. „Kannst du denn gar nicht das Maul halten, Bär?“
„Fuchs!“ flüsterte der Bär. „Die Klinke bewegt sich.“
„Seh ich“, sagte der Fuchs. „Sei jetzt bloß still.“
„Du, Fuchs!“ sagte der Bär.
„Was denn nun schon wieder?“ fragte der Fuchs ärgerlich.
„Die Tür geht einen Spalt auf“, flüsterte der Bär.
„Ich hab selber Augen“, flüsterte ärgerlich der Fuchs. „Sei jetzt nur still und schlag zu, wenn ich pfeife.“
„Ja, Fuchs“, sagte der Bär.
So warteten die beiden. Die Tür aber ging nur ein kleines bißchen auf, und hindurch kam der Schirm, an dessen Ende etwas baumelte.
„Du, Fuchs“, flüsterte der Bär, „es ist bloß ein Schirm.“
„Warte nur, Bär“, sagte der Fuchs ungeduldig, „die Tür wird schon noch weiter aufgehen.“
„Pfeifst du dann?“ fragte der Bär.
„Dann pfeif ich“, sagte der Fuchs. „Sei jetzt nur ruhig, Bär.“
„Ja, Fuchs“, sprach der Bär. „Da baumelt was.“
„Ich seh's auch“, sagte der Fuchs. Indem hatte er erkannt, was das war, und rief: „Schlag zu, Bär!“
„Fuchs“, sagte der Bär und schlug nicht zu. „Wolltest du nicht pfeifen?“
„Schafskopf!“ rief der Fuchs und sprang hoch. „Es ist die Zaubermütze.“ Da hatte er sie schon im Maule.
„Die Zaubermütze?“ rief der Bär. „Die will ich haben.“
„Ich habe sie gehascht!“ rief der Fuchs. „Und ich setze sie auch auf.“
„Du hast aber nicht gepfiffen, Fuchs!“ rief der Bär. „Hättest du gepfiffen, hätt ich zugeschlagen und hätte die Mütze gehabt. Gib sie also mir!“
„Ich denke gar nicht daran!“ rief der Fuchs und setzte die Mütze auf. Weg war er!
„Wo bist du, Fuchs?“ rief der Bär wütend.
Während dieses Streites hatten die beiden nicht mehr auf die Tür geachtet, und so war der Husch leise und unbemerkt in die Küche geschlichen und hätte nun ganz leicht hinaus und zu den Eltern gekonnt. Das hatte er ja auch gewollt, und darum hatte er denen die Zaubermütze gelassen,

daß sie nicht mehr auf ihn achteten. Wie er die beiden nun so schön streiten und den Bären immer rufen hörte: „Wo bist du, Fuchs?“ – der Fuchs aber antwortete gar nicht, weil er die Zaubermütze nicht hergeben wollte –, da kam ihm der Gedanke, ob er nicht allein mit ihnen fertig werden könnte.

Als der Bär also wieder rief: „Fuchs, wo bist du?“, machte der Husch seine Stimme so fein wie die des Fuchses und rief: „Hier, Bär!“

„Wo, Fuchs?“ fragte der Bär.

„Auf der Herdplatte, Bär“, rief der Husch mit der Stimme des Fuchses, „mir die Keulen wärmen!“

„Glaub ihm nicht!“ rief der richtige Fuchs. Aber da war es schon zu spät: Der Bär hatte mit seinen Pfoten auf die heiße Herdplatte gehauen und brüllte vor Schmerz.

„Siehst du wohl, das kommt davon!“ schrie der Husch und tanzte vor Freude in der Küche herum. Aber das hätte er lieber nicht tun sollen, denn aus seinen Rufen merkte der Fuchs, wo er war, fuhr auf ihn zu und zwickte ihn kräftig mit den Zähnen in die Beine. Da wurde aus Lachen Weinen, der Husch brüllte, der Fuchs zwickte, und der Bär fuhr herzu, die Tatzen schwingend, mit dem lauten Gebrüll: „Wo ist er? Ich schlag ihn tot!“

„Hier“, schrie der Fuchs, machte beim Schreien das Maul auf und mußte also den Husch loslassen.

Schwupp! sprang der Husch beiseite!

Bums! traf der Schlag des Bären den Fuchs!

Klatsch! fiel der böse Fuchs um!

Tüt! fiel die Zaubermütze ihm vom Kopf!

Schnetterdipeter! Schnetterdipeter! machen noch des Fuchses Beine, als wollte er laufen.

„Schafskopf Bär!“ seufzte er. „Nun hast du mich totgeschlagen!“ Und starb.

Husch! sprang der Husch und raffte die Zaubermütze des Fuchses vom Boden.

„Au weh! Liebes, liebes Füchslein, leb noch ein Weilchen!“ klagte der Bär.

Eine Gabel lag auf dem Küchentisch – pieks! stach sie der Husch dem Bären in den Hintern.

„Aua!“ schrie der Bär. „Was piekt denn da?!“ und drehte sich um.

Hopp! war der Husch auch herumgesprungen, und piek! hatte er zum zweiten Male zugestochen.
„Pieken Sie nicht so!“ schrie der Bär. „Oder ich hau!“
Bumm! schlug er zu und traf den Küchentisch.
Knacks! sagten die Beine vom Küchentisch und brachen ab.
Plautz! fiel der Tisch dem Bären auf die Füße.
„Hoppla!“ sagte der Bär. „Das tut weh!“
Pieks! stach der Husch zum dritten Male.
„Ich zieh ja schon aus!“ rief der Bär. „Im Walde sticht mich keiner!“
„Aber fix!“ rief der Husch und stach noch einmal.
„Ich renn ja schon!“ rief der Bär und rannte auf den Hof.
Blaff! Wauwau! fuhr der Hofhund aus der Hütte und biß den Bären ins Bein.
Pieks! stach der Husch zum fünften Male.
„Gemeine Bande!“ brüllte der Bär und rannte auf den Wald zu, was er nur rennen konnte.
„Wer läuft denn da so schnell?“ fragten verwundert des Husch Eltern, die grade auf den Hof traten.
„Der böse Bär“, sagte der Husch.
„Wo bist du denn, Husch?“ fragten die Eltern. „Du sollst dich doch nicht immer verstecken!“
„Ich habe doch die Zaubermütze auf!“ sagte der Husch.
„Was für eine Zaubermütze?“ fragten die Eltern und traten ins Haus.
„Was liegt denn da?“ fragte die Mutter.
„Ein toter Fuchs!“ wunderte sich der Vater.
„Wer hat denn meinen Küchentisch zerschlagen?“ klagte die Mutter.
„Und meinen Schirm zerbrochen?“ schalt der Vater.
„Wer hat denn alle Kleider zerrissen?“ weinte die Mutter.
„Und wer hat das Sofa verschmutzt?“ zürnte der Vater.
„Husch, wo bist du?“ riefen beide Eltern.
„Unter der Zaubermütze!“ rief der Husch.
„Du sollst dich doch nicht verstecken, Husch!“ riefen sie wieder.
Da nahm der Husch die Zaubermütze ab und trat vor seine Eltern und erzählte ihnen alles, was geschehen war. Sie wunderten sich sehr und herzten und küßten ihn, weil er so mutig gewesen war und den Bären vertrieben hatte.

Der Vater aber sagte: „Die Zaubermützen müssen wir den Zwergen wiedergeben, die hat ihnen der Fuchs ja gestohlen.“
Da legten sie die beiden Zaubermützen unter den Apfelbaum, und am nächsten Morgen lagen dafür hundert blanke, neue Silbertaler da und ein Zettel mit der Schrift: „Als Dank von den Waldzwergen.“
Nun kauften die Eltern von dem Geld einen neuen Küchentisch, einen neuen Schirm und viele neue Kleider. Die Sofakissen aber wurden nur ausgewaschen. Und aus dem Fell des Fuchses machte die Mutter dem Husch einen Bettvorleger, und so trat er jeden Abend den bösen Fuchs mit den Füßen, in die ihn der Fuchs gezwickt hatte. Das machte ihm viel Freude.
Der Bär aber traute sich nie wieder in die Häuser der Menschen, lebte im Walde und wurde endlich von einem Jäger totgeschossen. Als der Jäger aber die Haut des Bären abzog, fand er in ihr hinten zwanzig feine Löcher, immer vier nebeneinander, fünfmal – und er wunderte sich sehr und konnte gar nicht raten, woher diese Löcher wohl kämen. Wir aber wissen es!

Geschichte von der gebesserten Ratte

Unter einem Schweinestall wohnte einmal eine alte Ratte, die vielen Schaden mit Graben von Gängen und Wegfressen von Schweinefutter tat. Ja, wenn einmal die Muttersau nicht aufpaßte, nagte die Ratte sogar die neugeborenen Ferkel an. Die Leute auf dem Hof stellten der Ratte auch ständig mit Gift und Fallen nach, aber die Alte war listig und ließ sich weder fangen noch vergiften.

Nun begab es sich eines Tages im bitterkalten Winter, daß die Ratte in ihrem Erdloch unter dem Steinpflaster jämmerlich fror. Da bedachte sie ihre einsame und bedrängte Lage und sprach bei sich: „Was für ein jämmerliches Leben führe ich doch eigentlich! Überall sind Fallen für mich aufgestellt, ich kann nicht achtsam genug gehen und muß stets meine Augen überall haben. Finde ich aber wirklich einmal einen schönen, lecker gebratenen Fleischbrocken und freue mich auf das gute Essen, so muß ich schließlich stets das böse Gift in ihm riechen und ihn liegenlassen. Immerwährende Sorge und Hunger und Angst sind mein Leben. Wie gut haben es dagegen die Tiere, die sich unter den Schutz des Menschen gestellt haben, der Hund, die Katzen, die Schweine, Kühe und Pferde. Pünktlich alle Tage bekommen sie ihr Futter, ja, der Mensch putzt ihnen sogar das Fell und sorgt für ihr warmes Bett. Sogar die Vögel, die ihm den Sommer hindurch mit Picken und Naschen doch gewiß Schaden genug tun, vergißt er nicht und füttert sie den ganzen Winter hindurch. Was solch jämmerliche Kohlmeise bekommt, das steht mir doch auch gewiß zu, und so will ich denn meinen Frieden mit dem Menschen machen und Freundschaft mit ihm schließen."

Als die Ratte sich das überlegt hatte, paßte sie einen Augenblick ab, in dem der Hund nicht achtgab, und lief eilig vom Stall über die Hofstatt zum Wohnhaus. Nein, wie schön warm und gemütlich ist das hier! dachte sie bei sich, als sie ins Zimmer kam. Viel besser als in meinem kalten, dunklen Stall. Hier will ich gewiß bleiben. Und sie pfiff freundlich.

Der Hausherr, der grade mit seiner Familie beim Essen saß, hörte das Pfeifen, blickte auf und sah die Ratte. „Nein, so was!“ rief er, sprang auf und hielt die Gabel in der Hand. „Kommt einem das Teufelsgetier nun gar schon ins Haus gelaufen! Na, warte!“ Und er schickte sich an, mit der Gabel nach der Ratte zu werfen.

„Bitte, einen Augenblick!“ sprach die Ratte. Sie hatte sich auf die Hinterbeine gesetzt und sprach so manierlich, wie es nur eine alte Ratte kann. „Ich komme nämlich in Geschäften und möchte einen Vertrag mit dir machen, Hausherr! Ich habe mir das überlegt: Ich will mich jetzt bessern und Frieden mit dir schließen.“

„Nanu!“ sagte erstaunt der Hausherr.

„Ja“, sprach die Ratte feierlich und verdrehte vor Rührung über ihren eigenen Edelsinn die Augen im Kopf, daß ihr fast die Tränen kamen. „Ich verspreche feierlich: Ich will im Stall keine Gänge mehr graben. Ich will den Schweinen das Futter nicht mehr wegfressen, und ich will auch die Ferkelchen nicht mehr annagen, wenn sie noch so rosig sind.“ Der Ratte kamen nun wirklich die Tränen, als sie aufzählte, auf was alles sie verzichten wollte, bloß um mit den Menschen Frieden zu schließen.

„Schön von dir, Ratte!“ sprach der Hausherr. „Aber ich glaube dir nicht. Du führst bestimmt etwas Böses im Schilde.“

Die Ratte versicherte, sie tue das nicht. Eine Gegenleistung, freilich nur eine kleine, müsse sie allerdings verlangen, daß sie nämlich hier im Hause wohnen dürfe und dreimal täglich ihr reichliches Futter bekomme. „Gebratenes Fleisch esse ich sehr gerne“, sprach die Ratte bescheiden. „Und wenn es ein bißchen stinkerig ist, schmeckt es mir noch besser.“

„Ach so, Ratte!“ lachte der Hausherr. „Das verlangst du also? Das Leben im Stall ist dir wohl unter all den Fallen und dem Gift ein bißchen zu gefährlich geworden? Nein, Ratte, daraus kann nichts werden, wir beide, Mensch und Ratte, wir müssen Feinde bleiben.“

„Nun“, sagte die Ratte höflich. „Ich verlange nichts Unbilliges. Du gibst ja auch den andern Tieren, die sich unter deinen Schutz begeben haben, Essen und Wohnung.“

„So hast du dir das also gedacht“, sprach der Hausherr. „Aber du hast vergessen, Ratte, daß zwischen dir und den andern Tieren ein großer Unterschied besteht. Sie bekom-

men ihr Futter ja nicht umsonst, sie tun auch etwas dafür. Das Pferd spann ich vor meinen Wagen, und es zieht Lasten oder den Pflug durch das Land. Die Kuh gibt mir Milch und alle Jahre auch noch ein Kälbchen dazu. Das Schwein beeilt sich, groß und fett zu werden, damit ich nur bald wieder Wurst und Schinken habe. Unermüdlich paßt der Hund Tag wie Nacht auf, daß sich kein Dieb auf den Hof schleicht, jeden Fremden meldet er mit lautem Gebell an. Auf leisen Pfoten pirscht die Katze durch das Haus, immer bemüht, mich vor Mäuseschaden zu bewahren – und was tust du für mich, Ratte, daß ich dir dafür Kost und Wohnung geben soll –?"
So frech die Ratte sonst war, jetzt schaute sie doch etwas verlegen drein. Denn auf den Gedanken war sie noch nicht gekommen, daß sie für ihr Futter auch etwas arbeiten müsse. Grade zur rechten Zeit fielen ihr noch die Vögel ein. „Und wie ist es denn mit den Vögeln, Hausherr?" verlangte sie zu wissen. „Das unnütze Flattergetier fütterst du doch auch den ganzen Winter hindurch, ohne daß es irgendeine Arbeit für dich tut?"
„Im Winter wohl nicht, da hast du recht, Ratte", antwortete der Hausherr. „Aber den ganzen Sommer über sind sie unermüdlich tätig für mich, fangen die Fliegen und Mücken, töten die Raupen, picken die Schmetterlingseier – ohne die Vögel würde bald keine Pflanze in meinem Garten wachsen, kein Apfel auf dem Baum ohne Wurmstich reif werden. – Nein, Ratte, wenn dir nichts einfällt, was du für mich tun kannst, so wird aus unserm Frieden nichts werden."
Jetzt saß die Ratte ganz kleinlaut da; daß sie nicht einmal soviel wert sein sollte wie ein armseliger Vogel, das hatte sie nicht gedacht. Schließlich sagte sie bescheidener: „Ich habe sehr schöne, starke Zähne, so scharf wie kaum ein anderes Tier. Wenn ihr hier im Hause vielleicht etwas zu beißen oder zu zernagen hättet? Ich könnte euch die schönsten, die dunkelsten, die gemütlichsten Gänge unter den Dielen nagen."
„Untersteh dich, Ratte!" rief der Hausherr und hob drohend die Gabel. „Wir sind froh, daß wir ein heiles Haus mit festen Dielen haben, wir brauchen keine Rattengänge. – Weißt du sonst noch etwas, was du für uns tun könntest?"

Die Ratte überlegte sich den Fall wieder eine Weile, dann sagte sie: „Ich habe einen besonders schönen, langen, nackten Schwanz – vielleicht könnte ich der Hausfrau mit dem ein bißchen behilflich sein, den Staub wischen und die Suppen umrühren?"
„Um Gottes willen!" rief die Hausfrau und ekelte sich sehr. „Gib das bloß nicht zu, Mann! Wer möchte denn noch eine Suppe essen, die dieser nackte Schwanz umgerührt hat?!"
Nun aber war die Ratte beleidigt. Sie hielt sehr viel von sich, bildete sich etwas ein auf ihre Schlauheit und List und hatte hier doch nur kränkende Reden gehört und war niedriger eingeschätzt worden als der jämmerlichste Vogel. „Ich verstehe nicht", sprach die Ratte also böse, „was an meinem Schwanz eklig sein soll – es ist ein besonders schöner Schwanz, jedes Rattenfräulein hat ihn noch zum Verlieben gefunden. Aber ich sehe, man würdigt hier meine guten Absichten nicht, und so bleibt mir denn nichts übrig, als daß ich wieder in den Stall gehe, meine Gänge unter dem Pflaster grabe, das Schweinefutter fresse und die rosigen Ferkel annage. Ihr habt die Freundschaft mit mir nicht gewollt, also scheltet mich auch nicht, wenn ich weiter euer Feind bin!" – Damit schickte sich die Ratte an, zu gehen.
„Einen Augenblick noch, Ratte!" rief der Hausherr. Er bedachte nämlich, daß die Ratte ihm, wenn sie jetzt im Zorn ginge, noch viel mehr Schaden tun würde als bisher und daß sie als schlaues Tier weder mit Gift noch mit Fallen zu töten war. Da schien es dem Hausherrn ein kleineres Übel, sie gegen ein geringes Futter im Haus zu behalten, wenn sie nur auch hielt, was sie versprach. Also fragte er: „Wirst du denn auch halten, Ratte, was du versprichst, wenn ich dich hier im Hause füttere? Nichts annagen, nichts verderben, nichts naschen, mir keinerlei Schaden oder Schabernack tun, sondern immer an meinen Nutzen denken?"
„Was ich verspreche, das halte ich auch", sprach die Ratte mürrisch. „Aber meinen Schwanz lasse ich nicht schlechtmachen, es ist ein schöner Schwanz."
„Mit deinem Schwanz hat es die Hausfrau nicht bös gemeint, Ratte", tröstete sie der Hausherr. „Meine Frau ist eben an ihre Rührlöffel und Staubpinsel gewöhnt, darum gefallen die ihr besser. – Wenn ich dich aber hier behause und beköstige, Ratte, so mußt du auch etwas dafür tun, in

meinem Haushalt kann ich keinen faulen Fresser dulden."
„Sage nur, was ich tun soll", sprach die Ratte, die schon wieder ganz eingebildet wurde, als sie merkte, der Hausherr wollte sie doch behalten. „Was ein anderer tut, das kann ich auch."
„Nein, das wollen wir nicht sagen, Ratte", meinte der Hausherr lächelnd. „Denn zu irgendwelcher nützlichen Arbeit bist du doch nicht zu gebrauchen. Aber wie wäre das, Ratte –? Ich sehe dich da ganz manierlich auf den Hinterbeinen sitzen, pfeifen kannst du auch – wie wäre es, Ratte, wenn du zur Belustigung der Kinder dann und wann ein bißchen tanzen und pfeifen würdest –? Viel wäre das ja nicht, aber doch etwas!"
Eigentlich war die Ratte schon wieder beleidigt, daß sie, die kluge, alte, listige Ratte, tanzen und pfeifen sollte, damit die Kinder was zu lachen hätten. Aber sie dachte an ihr gefahrenreiches Leben im Stall, und so willigte sie denn ein. Nun machten die beiden den Vertrag, daß Frieden herrschen sollte zwischen Hausherrn und Ratte. Der Hausherr aber bedingte sich aus, daß der Vertrag erst einmal auf Probe gelten sollte, denn er traute der Ratte noch immer nicht ganz. Erst wenn sie sich eine Woche gut geführt und keinen Schaden gemacht hätte, sollte der Vertrag Gültigkeit bekommen und Mensch und Ratte auf ewige Zeit Freunde sein.
So wurde denn der Ratte ein Kistchen mit Heu in die Küche gestellt, darin sollte sie wohnen, und in der Küche sollte ihr Aufenthalt sein. Am ersten Tage gefiel es ihr dort auch sehr wohl. Es war warm und trocken, es standen keine Fallen dort, kein Gift war zu fürchten, sondern in einem reinen, irdenen Schüsselchen stand immer ein wenig Futter für sie bereit, mal ein Kleckschen Kartoffelbrei mit zerlassener Butter, mal ein Gemüserestchen, in dem auch ein paar Stücke gebratenes Fleisch verborgen waren. Der Ratte gefiel es ausgezeichnet, und wenn die Kinder kamen und verlangten, sie solle tanzen, so tat sie auch das gerne, und es störte sie gar nicht, wenn die Kinder lachten. Sondern sie sagte sich: „Ein bißchen Bewegung nach so viel Essen ist sehr gesund, und die Kinder sind ja noch dumm, sie verstehen nicht, wie schön ich tanze."

Am zweiten Tage war's schon nicht mehr so herrlich wie am ersten. Die Ratte schnupperte am Futternapf und sagte ohne Hunger: „Schon wieder Kartoffelbrei – die Leute kochen hier wohl alle Tage dasselbe!" Vor den Küchenfenstern war ein schöner, klarer, sonniger Wintertag, und die Ratte dachte mit einiger Sehnsucht daran, wie behaglich sie an solchen Tagen vor ihrem Loch am Stall in der Sonne gesessen und dann und wann einen kleinen, interessanten Spaziergang über den Misthaufen gemacht habe.

„Ach ja, ach ja, solch Stubenleben ist recht schwer!" seufzte die Ratte und fing vor lauter Langerweile an, ihr Wohnkästchen zu benagen. Aber die Hausfrau hörte das Knabbern, rief scharf: „Laß das, Ratz!", und die Ratte mußte es lassen.

Nun lauerte sie darauf, daß einmal die Tür von der Küche zum Zimmer aufstünde, und als es soweit war, schlüpfte sie leise hinüber. Im Zimmer war keiner, und so konnte sich die Ratte, die sehr neugierig war, alles mit der größten Genauigkeit ansehen. Sie kletterte auf jeden Tisch, und wo eine Schranktür offenstand, schlüpfte sie auch in die Schränke und betrachtete sich genau, was in den Schränken war. Sie kroch im Regal hinter die Bücherreihen, kletterte an den Gardinen hoch und sah sich das Zimmer von oben an. Und hinter jedes Sofakissen schlüpfte sie auch. So ging sie von Zimmer zu Zimmer, und da war kein Bett, in das sie nicht gekrochen wäre, keine Waschschüssel, die sie nicht als Schwimmbassin versucht hätte, kein Hausschuh, den sie nicht als Bett ausprobiert hätte.

Die Hausfrau war eine sehr ordentliche Hausfrau, ihre Wohnung strahlte und blitzte nur so von Sauberkeit – aber das war es ja grade, was der Ratte so mißfiel. „Nein, was sind diese Dielen glatt und glänzend!" sagte sich die Ratte, als sie über den Boden lief. „Da kann man ja ausrutschen! Hier müßte überall ein bißchen Stroh und Mist liegen, das wäre doch viel gemütlicher!" Und weil kein Stroh und kein Mist da waren, ließ sie wenigstens schnell ein Kleckschen fallen.

Als sie hinter dem Sofakissen saß, meinte sie: „Außen ist es glatt und kühl, aber innen scheint es weich und mollig zu sein. Man müßte das Innerste nach außen kehren!" Und sie biß schnell ein Loch in den Bezug, freute sich, als die Federn herauskamen, und machte ein kleines Bett aus ihnen. „So!" sagte sie zufrieden. „Die Menschen haben auch gar keine Ahnung, wie man es sich gemütlich macht! Ich muß ihnen das erst einmal richtig zeigen!"

Im Federlager war es der Ratte warm geworden, sie sprang gleich in die nächste Waschschüssel und nahm ein kühles Schwimmbad. „Ei, wie tut das gut!" sagte sie. „Die Sauberkeit ist auch nicht zu verachten!" Und sie wälzte sich zum Abtrocknen in der Asche, die vor dem Ofen vom Heizen her in einer Schippe stand. Dann kroch sie in das nächste Bett.

So hinterließ die Ratte überall Spuren ihrer Tätigkeit, aber sie dachte sich nichts Böses dabei. Sie war eben eine Ratte, kein Mensch, und vom Stall her war sie auch nichts Besseres gewohnt. Am Abend aber wurde die Ratte vor den Hausherrn gerufen und von der Hausfrau bitterlich verklagt. Da wurde alles erwähnt und nichts ausgelassen, von dem Kleckschen auf den Dielen an über das Federlager bis zu der ekligen Aschenspur im Bett. Die Hausfrau war sehr böse, und der Hausherr machte ein grimmiges Gesicht und fragte finster: „Warum hast du das getan, Ratte? Du hast doch gelobt, mir keinen Schaden zu tun?"

Die Ratte ließ Anklage, Zorn und Grimm ruhig über sich ergehen und antwortete kaltblütig, daß sie nichts Böses im Sinne gehabt habe. Dies sei nun einmal so ihre Art, und von ihrer Art könne sie ebensowenig lassen wie der Mensch von der Menschenart.

Der Hausherr sah ein, daß die Ratte wirklich nicht aus Bosheit gehandelt hatte, sondern allein aus Neugierde und schlechten Stallgewohnheiten, und er bedachte, daß man sie darum nicht so ohne weiteres als Feindin zu den Schweinen zurückschicken könne. Er sagte aber trotzdem streng: „Habe ich dir aber nicht gesagt, Ratte, du sollst nicht aus der Küche gehen?"

Die Ratte lächelte listig und fragte den Hausherrn dagegen: „Und wer hat denn die Tür von der Küche zur Stube offengelassen – und alle andern Türen auch? Ich bin neu hier im Haus und weiß nicht, wo die Küche aufhört und die Stube anfängt, wenn keine Wand dazwischen ist."

Über diese unverschämte Antwort mußte der Hausherr fast lachen, die Hausfrau aber, die die Türen offengelassen hatte, lief vor Zorn rot an und war von Stund an die Feindin der Ratte. Die aber wurde noch einmal vom Hausherrn streng ermahnt, sich in die Art des Hauses zu schicken, nicht aus der Küche zu gehen und keinen Unfug zu machen, sonst könne aus dem ewigen Vertrag nichts werden. Die Ratte versprach auch Gehorsam und ging artig in ihr Kistchen am Küchenherd, wo sie sich zusammenrollte und friedlich einschlief.

Der dritte Tag kam, und an ihm erwies es sich, daß es nicht gut ist, in einem Haus die Frau zur Feindin zu haben. Die hatte nämlich noch nicht ihren Zorn auf die Ratte vergessen und setzte ihr bloß ein Wassersüppchen hin, ohne Saft und Kraft gekocht, aber mit sehr viel Salz gewürzt. Die Ratte kostete und fand, das Süppchen schmeckte abscheulich. Die Frau, die die Ratte am Futternapf sitzen, aber nicht fressen sah, sagte: „Schmeckt es nicht, Ratz? Ja, für Nichtstuer und Schmutzmacher habe ich keine bessere Kost."

Die Ratte hörte am Ton der Rede und sah an den Augen der Hausfrau, daß sie böse war. Da erwachte die eigene Bosheit der Ratte, und sie sann auf eine List, wie sie die Hausfrau recht ärgern könne, ohne sich dadurch aber beim Hausherrn in Gefahr zu bringen.

Als die Hausfrau nun von der Küche in die Stube ging, dort reinzumachen, sprang die Ratte listig hinten an der Hausfrau hoch und hing sich an ihr langes Schürzenband, ohne daß die Hausfrau etwas davon merkte. Sie machte die Küchentür recht schön fest zu, aber das half ihr nichts, die Ratte hing fest am Schürzenband. Als die Hausfrau nun beim schönsten Fegen war, pfiff die Ratte hinten an ihrem Schürzenband, wie eben Ratten pfeifen. Die Hausfrau fuhr herum – aber am Schürzenband fuhr die Ratte mit herum, und so bekam die Hausfrau keine Ratte zu sehen. „Hier hat doch eben eine Ratte gepfiffen!" sagte die Hausfrau und suchte, aber sie fand keine Ratte.

Schließlich dachte die Hausfrau, sie habe sich geirrt, ergriff von neuem den Besen und machte sich wieder ans Kehren. Gleich pfiff die Ratte zum zweiten Mal! Die Hausfrau läßt den Besen fallen, sucht – umsonst! Sie denkt, die Ratte ist im Zimmer versteckt, läuft, so schnell sie kann, in die Küche, am Schürzenband die Ratte kommt ebenso schnell mit. Wie die Hausfrau die Küchentür aufmacht, läßt die Ratte

das Schürzenband schnell los, huscht unter dem Küchentisch durch und liegt schon in verstelltem Schlaf in ihrem Kistchen, als die Hausfrau hineinschaut.
Muß ich mich doch geirrt haben, denkt die Frau. Die Ratz schläft ja ganz friedlich! Sie geht zurück an ihre Arbeit, die Ratte hängt schon wieder am Schürzenband. Die Frau ergreift den Besen, die Ratte pfeift. Die Frau läßt den Besen fallen und sucht: Keine Ratte ist zu sehen. Kehrt wieder, wieder pfeift die Ratte. Die Frau rennt in die Küche: Die Ratte schläft.
So trieb es die listige Ratte an diesem Tage mit der Hausfrau, und sie brachte sie ganz von Sinn und Verstand. Bei dem ewigen Umherlaufen und Suchen wurde keine Arbeit getan, kein Zimmer gesäubert, kein Essen gekocht. Ja, die Ratte trieb zum Schluß ihre Frechheit so weit, daß sie vor den Augen der Hausfrau auf den Betten spazierenging – lief die Frau dann aber in die Küche, hing die Ratte schon wieder an ihrem Bande und kam rechtzeitig in ihr Kistchen.
„Soll ich denn meinen eigenen Augen nicht mehr trauen dürfen?!" rief die Hausfrau und brach vor Ärger, Abgehetztsein und Wut in Tränen aus. So fand der Hausherr sie und fragte erstaunt nach der Ursache ihrer Tränen. Da berichtete ihm die Hausfrau, wie es ihr an diesem Tage ergangen sei, wie sie überall Ratten gehört und gesehen habe und wie sie vor lauter Rattenplage kein Essen habe kochen und kein Zimmer habe reinmachen können.
Der Hausherr ahnte gleich, daß eine List der Ratte dahinterstecken müsse, aber er tat freundlich, rief die Ratte aus ihrem Kistchen und fragte sie, wie sie den Tag verbracht habe.
„Gut", antwortete die Ratte. „Ich habe in meinem Kistchen geschlafen."
„Und du bist bestimmt nicht in die andern Zimmer gegangen?" fragte der Hausherr.
„Wie kann ich das?" fragte die Ratte dagegen. „Wo du mir das so strenge verboten hast?"
„So!" sagte der Hausherr. „Und wie erklärst du dir, Ratte, daß die Frau überall, wo sie auch war, Ratten pfeifen gehört hat und Ratten laufen gesehen hat –?"
Das könne sie sich auf keine Weise erklären, sagte die Ratte

ganz frech. Es müsse denn sein, daß die Hausfrau ihres schlechten Gewissens wegen immer an Ratten habe denken müssen, weil sie ihr nämlich statt der ausbedungenen Kost nur eine versalzene Wassersuppe hingestellt habe.
Ob das so sei? fragte der Hausherr nun seine Hausfrau. Ob die Ratte heute nichts bekommen habe als ein Wassersüppchen?
Nun wurde die Hausfrau erst recht zornig, erhitzt fragte sie, ob denn solch Wassersüpplein etwa nicht gut genug sei für eine Nichtstuerin wie die Ratte? Ein Süpplein aus Mehl und Wasser, wie man es sogar den Kranken mit ihrem schwachen Magen gebe! Und was das Salz betreffe, so liebe es der eine eben gesalzener als der andere, das nächste Mal werde sie die Ratte fragen, wie sie es am liebsten möge!
Der Hausherr war in einer schlimmen Lage. Fortschicken konnte er die Ratte nicht, denn ein Verbrechen gegen den Vertrag war ihr nicht nachzuweisen. Er sah aber auch, daß es zwischen Hausfrau und Ratte je länger, je schlechter gehen müsse. Schon jetzt hatte sein gutes Weib einen rechten Zorn auf das Tier. Kurz und gut: der Hausherr wäre die Ratte gern wieder los gewesen aus dem Hause und wußte nur nicht, wie er's angehen sollte. Er sann darum auf eine List, die aber sehr fein sein mußte, denn die Ratte war auch listig und durchtrieben.
Als er darum eine Weile nachgedacht hatte, fragte er die Ratte: „Sag, Ratte, hast du nicht scharfe Augen?"
Die Ratte, die ja sehr viel von sich hielt, sagte, sie habe die schärfsten Augen von der Welt.
„Und hast du nicht auch scharfe Zähne, Ratte?" fragte der Hausherr wieder.
„Mit meinen Zähnen kann ich sogar Draht, Blech und Zement beißen", sagte die Ratte stolz.
„So will ich dir morgen zeigen, wie du mir in einer Sache helfen kannst", sprach der Hausherr, „in der mir niemand helfen kann als nur du allein."
Die Ratte versprach geschmeichelt ihre Hilfe, und am nächsten Morgen, als die beiden gefrühstückt hatten – und nicht nur eine salzige Wassersuppe –, gingen sie los. Sie stiegen gemeinsam auf den Boden, wo der Hausherr eine geräumige Äpfelkammer hatte, voll der schönsten Winteräpfel, aber ein wenig dämmrig.

„Sieh einmal, Ratte“, sprach der Hausherr, „hier habe ich meine Äpfel liegen. Wie es aussieht, eine gewaltige Menge, von der man denkt, sie müsse bis Ostern reichen. Sie reicht aber nie so lange. Das kommt daher, daß, während ich von Haus fort bin, Diebe an meine Äpfel gehen und den besten Teil mausen. Nun habe ich gedacht, du hast scharfe Augen, die selbst hier im Dämmern die Diebe wohl erspähen können, und du hast scharfe Zähne, mit denen du die Diebe am Ohr blutig zeichnen könntest, daß ich sie erkenne, wenn ich wieder nach Haus komme. Willst du nun hier für mich Wache stehen, fleißig nach Dieben spähen und sie zeichnen, einen nach dem andern, wie sie kommen –?“

So sprach er zur Ratte. In seinem Innern aber dachte er, der Ratte werde es schon leid werden, den ganzen Tag Posten zu stehen auf dem kalten, finsteren Boden – und ganz umsonst, denn es gab gar keine Äpfeldiebe, das hatte der Hausherr nur so gesagt.

Die Ratte versprach, getreulich Wache zu halten. Aber auch sie war im Innern entschlossen, den Hausherrn zu überlisten. Als darum der Hausherr gegangen war, nahm sie sich erst einmal einen schönen, rotbackigen, mürben Apfel und fraß das Beste von ihm. Danach untersuchte sie den Boden, fand auch richtig die Räucherkammer und roch den Speck und die Wurst darin. „Obstkost allein schlägt zu sehr durch“, sprach sie bei sich und tat sich an Wurst, Speck und Schinken gütlich.

Als sie grade beim besten Schmausen war, hörte sie ein leises Schleichen draußen auf dem Boden, und als sie durch die Tür spähte, sah sie die Hauskatze, die draußen auf Mäusejagd war. Nun hatte die Ratte einen rechten Haß auf die Katze, denn Ratten und Katzen sind Feinde von Urbeginn an; die Katze aber war schon ziemlich alt und bequem und legte keinen Wert mehr auf einen Kampf gegen die scharfen Zähne der Ratte.

Also bekam die Katze einen gewaltigen Schreck, als die Ratte mit dem Rufe: „Weg, du böser Apfeldieb!“ auf sie einsprang. Und als die Ratte sie nun gar mit ihren scharfen Zähnen ins Ohr biß, daß das Blut lief, rannte sie, kläglich „Miau!“ schreiend, die Bodentreppe hinunter und stieß in ihrer Angst noch fünf Geraniumtöpfe um, die auf dem Boden in Winterquartier standen.

Die Ratte ging zufrieden in die Räucherkammer zurück, fraß noch ein tüchtiges Loch in den Preßkopf, der dort hing, und suchte sich dann eine bequeme Schlafstätte auf einem Dachbalken in der Äpfelkammer. Als sie da nun recht behaglich und satt im Einschlummern lag, hörte sie einen leichten Schritt vorsichtig die Treppe hinaufkommen. Gleich setzte sie sich auf, spitzte die Ohren und wartete begierig, wer das wohl sein würde.
Es war aber niemand anders als der Sohn des Hausherrn, der grade jetzt vor dem Mittagessen, aber nach der Schule, einen kräftigen Hunger auf Äpfel verspürte, die ihm doch zwischen den Mahlzeiten verboten waren. Ahnungslos schlich der Junge in die Äpfelkammer – schwupp! saß ihm die Ratte auf der Schulter und schlug ihm ihre langen gelben Zähne in das Ohr, daß es blutete und er schreiend nach unten lief. Die Ratte aber legte sich wieder hin und schlief gut und nicht weiter gestört bis zum Abend.
Am Abend mußte der Hausherr wiederum Gericht halten – er tat's mit Seufzen. Seit die Ratte im Haus war, gab's nur noch Streit und Unordnung, und doch war sie nicht loszuwerden. Die Katze hatte ein zerschlitztes Ohr und der Junge ein geritztes, aber dafür verlangte die Ratte noch Lob, hatte sie doch die Äpfel gegen die Diebe verteidigt. Fünf Geraniumtöpfe waren zerbrochen, dafür konnte die Ratte aber nichts, das hatte die Katze getan. In der Räucherkammer waren Wurst, Speck und Preßkopf angefressen – davon wußte die Ratte nichts. In einem Haus, in dem es Äpfeldiebe gab, konnte es ja auch Wurstdiebe geben.
Der Hausherr mochte es drehen und wenden, wie er wollte, er konnte der Ratte keine Schandtat nachweisen und sie darum auch nicht wegschicken. Und morgen war schon der fünfte Tag der siebentägigen Probezeit, gelang es ihm in diesen sieben Tagen nicht, die Ratte fortzuschicken, mußte er sie für immer und ewig als Freundin im Hause behalten. Und davor grauste dem Hausherrn, und der Hausfrau grauste noch viel mehr davor.
Als nun der fünfte Tag herangekommen, sprach der Hausherr zur Ratte: „Komm mit mir, Ratte! Du sollst noch einmal auf Diebe aufpassen, da du dich gestern so gut bewährt hast!"
Es ging dieses Mal aber nicht hinauf zur Äpfelkammer und

zum Speck, worauf die Ratte sich schon gefreut hatte, sondern hinunter in den dunklen, feuchten Keller. Dort stand eine Siruptonne, und der Hausherr sprach zur Ratte: „Setze dich hier neben die Tonne und paß fein auf, ob Diebe kommen. Gehe mir aber nicht an den Sirup, Ratte! Du bekommst von uns deine Kost und darfst nicht naschen!"
Damit schloß der Hausherr die Kellertür ab, damit die Ratte nicht hinaus konnte und Unfug stiften, stieg die Kellertreppe empor und pfiff vergnügt ein Liedchen. Er dachte aber bei sich: Die Ratte hält es bestimmt den Tag über nicht aus, ohne an den süßen Sirup zu gehen. Der Sirup aber klebt, im Keller ist kein Wasser, ihn abzuwaschen, so erwische ich sie heute abend als Diebin, kann sie aus dem Hause jagen und bin sie für immer los!
Die Ratte indessen saß trübselig im Keller und dachte: Das ist wirklich ein trübseliges Geschäft. Die Wände sind aus Stein, und die Tür hat er abgeschlossen – wie können da Diebe hereinkommen? Er will mich nur verführen, daß ich an den süßen Sirup gehe – aber das tue ich nicht, und müßte ich zwei Jahre hier unten sitzen! Damit legte sie sich in eine Ecke und schlief ein.
Als sie aber ausgeschlafen hatte, fühlte sie großen Hunger. Sie lauschte und hörte, wie es immerzu „dripp-dripp-dripp" machte. Das war der Sirup, der langsam aus dem Hahn in das Blechschälchen darunter tropfte, denn der Hahn schloß nicht ganz fest. Riechen könnte ich ja mal an dem Sirup, dachte die Ratte. Davon werde ich nicht klebrig.
Also ging sie hin und roch. Sie fand, der Sirup roch süß, und ihr Hunger wurde noch größer davon. Sie sah aber auch, daß die Schale fast vollgetropft und nahe am Überlaufen war. Wenn der Hahn nur ein bißchen stärker tropfte, überlegte die Ratte, würde die Schüssel überlaufen. Der Sirup ränne auf den Boden, und ich könnte nichts dafür, wenn ich klebrig würde.
Lief die Ratte also am Faß hoch, auf den Hahnstutzen und drückte gegen den Hahn. Bumms! war der Hahn ganz zu, und der Sirup tropfte nicht mehr. Nein, so was! dachte die Ratte verblüfft. Das habe ich mir ja nun anders gedacht!
Und sie drückte nochmals gegen den Hahn und kräftig! Bumms! flog der Hahn heraus, der Sirup strömte aus dem Faß, lief über die Schüssel und durch den Keller. Nein, so

was! dachte die Ratte. Das habe ich mir ja nun ganz anders gedacht!

Indem fühlte sie ein Kribbeln an ihrem langen Schwanz, der vom Stutzen auf die Erde hing, und als sie zusah, merkte sie, daß dies Kribbeln vom Sirup kam, der über den Kellerboden lief. Das ist gar nicht so schlecht, dachte die Ratte, zog den Schwanz hoch und leckte ihn ab, paßte dabei aber fein auf, daß sie sich nicht klebrig machte. „Ei, schmeckt das süß!“ rief sie erfreut. „So kann das immer weitergehen!“ Und sie tunkte den Schwanz immer wieder in den fließenden Sirup, paßte aber gut auf, daß kein Härchen ihres Fells klebrig wurde.

Als der Hausherr nun am Abend wohlgemut die Kellertür aufschloß und dachte: Heute habe ich die Ratte aber reingelegt, rutschte er in dem klebrigen Sirup so aus, daß er sich mit Gewalt niedersetzte.

„Was ist das –?!“ schrie er mit drohender Stimme.

„Das ist Sirup, Hausherr!“ antwortete die Ratte ganz kaltblütig.

„Wie kommt der Sirup aus meinem Faß auf den Kellerboden?“ brüllte der Hausherr mit fürchterlicher Stimme. „Ratte! jetzt muß ich dich gewißlich ermorden!“

„Du kannst mich ja nicht ermorden, Hausherr!“ sprach die Ratte darauf mit feiner und freundlicher Stimme. „Sieh doch mein Fellchen an. Kein Tröpfchen Sirup klebt an einem Härchen. Allezeit bin ich deine gehorsame Freundin gewesen. Bin ich doch sogar, um dir nicht zu schaden, hier auf das Faß geflüchtet – du aber setzt dich mit aller Gewalt in den Sirup und verdirbst viel von dem teuren Saft!“

Der Hausherr kam fast um vor Wut, und doch konnte er nichts gegen das vorbringen, was die Ratte sagte. Kein Härchen war vom Sirup verklebt, und ihre Füße waren völlig rein. „Wie aber kommt der Zapfen aus dem Faß, Ratte?“ fragte er mit schon schwächerer Stimme.

„Wie kann ich das wissen, Hausherr?“ sagte die Ratte mit unschuldiger Stimme. „Ich bin ja eine Ratte, kein Zapfen. Erst hat er immerzu getropft, aber dann ist ihm das Tropfen wohl zu langweilig geworden, und er ist herausgesprungen. Vielleicht fragst du einmal den Zapfen, Hausherr?“

Der Hausherr sah die Ratte böse an, schwieg jetzt aber. Er merkte wohl, daß sie ihn bloß verhöhnte, aber er konnte ihr nichts beweisen, und so trug er sie schweigend aus dem Keller in ihr Kistchen am Küchenherd. Dort forderte sie sich gleich frech Futter, und sie fraß so viel, daß der Hausherr wieder zweifelhaft wurde und dachte: Vielleicht hat sie doch die Wahrheit gesprochen und nicht von dem Sirup genascht. So viel könnte sie doch sonst nicht fressen.

Das wurde ein trauriger Abend in der Familie! Ein Faß Sirup ausgelaufen und verdorben, der Anzug des Hausherrn verschmutzt und verklebt und dazu die Aussicht, die Ratte ständig im Hause als Freundin zu haben! Lange noch lag der Hausherr wach und überlegte und beriet mit der Hausfrau, wie sie die Ratte loswerden könnten. Aber gar nichts wollte ihnen einfallen. Und morgen war schon der sechste Tag, und dann kam der siebente, und ging auch der gut für die Ratte aus, so blieb sie für ewige Zeiten als Freundin im Haus.

„Ich halte das nicht aus! Ich will das olle, eklige Tier nicht immer im Hause haben!" weinte die Hausfrau.

„Paß auf, Frau!" tröstete der Hausherr. „Morgen fangen wir gar nichts mit der Ratte an. Wir kümmern uns einfach nicht um sie. Dann hält sie es vor Langerweile nicht aus, macht irgendeinen Unfug, und wir können sie zurückschicken in den Stall."

Damit schliefen die beiden ein. Die Ratte in der Küche aber schlief nicht, sondern sie rannte wie eine Wilde um den Küchentisch herum – immer herum! Immer herum! Ihre Ohren flogen, ihre Brust keuchte, ihr Herz klopfte wild, und den Schwanz hielt sie weit vom Leibe abgestreckt –: Ich will doch sehen, dachte sie beim Laufen, ob ich nicht so schnell rennen kann, daß ich mit meiner Nase die eigene Schwanzspitze treffe!

So trieb sie es die ganze Nacht, rannte immer toller, bis sie am Morgen halbtot vor Müdigkeit in ihr Schlafkistchen kroch. Ihre Schwanzspitze hatte sie zwar nicht getroffen – und so dumm war sie auch nicht, daß sie geglaubt hätte, das ginge –, aber herrlich müde war sie geworden, und so verschlief sie den ganzen sechsten Tag, ohne auch nur einmal aufzustehen. Das hatte sie ja auch grade gewollt, und darum hatte sie sich so müde gelaufen, denn auch sie hatte daran gedacht, daß ihre Probezeit zu Ende ging. Sie wollte nicht wieder als Feindin in den Stall geschickt werden, sondern

lieber als Freundin, wenn auch als falsche, im Haus bleiben, und gab sich darum alle Mühe, erst einmal keinen Unfug zu stiften. Lieber verschlief sie den ganzen sechsten Tag.
Nun kam also der siebente und letzte Probetag heran, und grade an diesem Tage hatte keiner Zeit, sich um die Ratte zu kümmern. Denn an diesem Tage war großes Schweineschlachten auf dem Hof, und da hatten alle so viel mit Laufen und Brühen, mit Abstechen und Blutrühren, mit Schrapen und Putzen zu tun, daß kein Mensch an die Ratte auch nur dachte. Sie hätte überall naschen können, sie hätte in den Betten schlafen und in die Teppiche Löcher fressen können – kein Mensch hätte sich nach ihr umgesehen.
Aber die Ratte tat nichts von alledem, sondern sie war neugierig und lief überall mit. Und als die drei fetten Schweine aus dem Stall geführt und abgestochen wurden, war sie genauso aufgeregt wie die Menschen. Überall mußte sie dabeisein, und alles mußte sie sehen und riechen und schmekken, und dies war nun wirklich ein Tag für sie, an dem sie überhaupt nicht an Schadenstiften und Bosheit dachte.
Als aber die Schweine zugehauen wurden, machte sich eines von den Mädchen den alten Spaß, stahl sich den Schweineschwanz und steckte ihn dem Hausherrn mit einer Nadel unbemerkt hinten an die Jacke. Bald merkten's die Kinder, und als sie den Vater über den Hof laufen sahen, und hinten baumelte ihm vergnügt das nackte, kahle Schweineschwänzchen – da lachten sie, und alle fingen sie an zu singen: „Vater hat 'nen Schweineschwanz – pfui, Schweineschwanz! Schweineschwanz!"
Das kleinste Kind aber, das noch dumm war, fing an zu weinen und rief: „Vater soll den ollen, häßlichen Schwanz abmachen! Vater sieht aus wie die Ratte! Oller, häßlicher, nackter Rattenschwanz!"
Und die Kinder sangen nun lachend: „Vater hat 'nen Rattenschwanz – pfui, Rattenschwanz! Ollen, häßlichen Rattenschwanz!"
Das hörte die Ratte, und weil die Ratten ja sehr eitel sind und ihren Schwanz sehr schön finden (und je länger er ist und je nackter er ist, um so schöner finden sie ihn), so lief sie zornig herbei und schrie wütend: „Wollt ihr wohl gleich still sein, ihr alten bösen Kinder! Wir Ratten haben die allerschönsten Schwänze von der Welt!"

Unbekümmert aber sangen die Kinder weiter: „Rattenschwanz! Pfui, Rattenschwanz! Pfui, oller, nackter Rattenschwanz!“
Da wußte sich die Ratte nicht vor Zorn zu lassen, sondern sie fuhr los auf die Kinder und fauchte und biß nach ihnen. Die kleineren von den Kindern fingen an zu weinen, die größeren aber sangen nun erst recht: „Rattenschwanz! Pfui, Rattenschwanz!“
Von dem Lärm kam der Hausherr herbei, und er fragte ärgerlich: „Ratte, was tust du da? Warum beißt du meine Kinder?“
Fauchte die Ratte wütend: „Sie sollen nicht singen: nackter Rattenschwanz!“
„Aber dein Schwanz ist doch nackt, Ratte“, sprach der Hausherr. „Sie können doch nicht singen: haariger Rattenschwanz!“
„Aber du hast keinen Rattenschwanz am Rock!“ schrie die Ratte voll Zorn. „Das ist ein Schweineschwanz.“
Der Hausherr faßte lachend nach hinten, fischte sich den Schweineschwanz, machte ihn ab, sah ihn an und sprach: „Freilich ist das ein Schweineschwanz. Aber sie sind alle beide nackt und häßlich: der Schweineschwanz wie der Rattenschwanz!“
„Was?!“ kreischte die Ratte. „Mein Schwanz ist häßlich –!?! Aber du hast doch am ersten Abend gesagt, Hausherr, die Hausfrau hätte das nicht so gemeint?!“
„Die Wahrheit zu sagen, Ratte“, sagte der Hausherr, der merkte, wie er die Ratte noch am siebenten Probetage loswerden konnte, „habe ich das nur aus Höflichkeit gesagt. Je länger ich deinen Schwanz anschaue, um so abscheulicher finde ich ihn. Ja, ich muß gradeheraus sagen: Dein Schwanz sieht aus wie ein nackter, nasser, blinder Regenwurm!“
„Regenwurm!“ lachten die Kinder „Rattenschwanz – Regenwurm! Nackter, blinder Regenwurm!“
Da konnte sich die Ratte vor Wut nicht mehr halten. „Wenn ihr meinen herrlichen Schwanz nicht schön findet“, rief sie, „so will ich auch eure Freundin nicht sein! Nein, eure ewige Feindin will ich sein! Mit Nagen, Naschen, Verderben, Beschmutzen will ich den Menschen immerzu Schaden tun, soviel ich nur kann!“
Mit diesen Worten fuhr sie an dem Hausherrn hoch und

biß ihn kräftig in die Nase, daß er schrie. Dann aber sprang sie mit einem Satz in den offenen Schweinestall und verkroch sich gleich in ihren alten Gängen, denn der Hausherr und die Kinder stürmten ihr nach, um sie zu erschlagen. Gleich wurden wieder Fallen und Gift aufgestellt, die Kinder aber sangen dabei: „Rattenschwanz – pfui, Rattenschwanz! Oller, nackter Rattenschwanz! Regenwurm – igitt!“

So ist es denn nichts geworden mit der Freundschaft zwischen dem Menschen und der Ratte. Für immer findet der Mensch die Ratte abscheulich und stellt ihr nach, wo er sie nur sieht; die Ratte aber haßt den Menschen und tut ihm noch mehr Schaden durch Verderben und boshaftes Verschmutzen als durch ihr Fressen.

Geschichte von der Murkelei

Es war einmal ein Vater, der wünschte sich viele Kinder, am liebsten ein Dutzend, sechs Jungen und sechs Mädchen. Es geschah ihm aber nicht nach Wunsch, sondern er hatte nur zwei: einen Jungen, den nannte er den Murkel, und ein Mädchen, das hieß er die kleine Mücke.

Weil ihm das aber nicht genug war, dachte er sich noch mehr Kinder aus, zu seinen zweien noch zwei, so daß er doch wenigstens ein drittel Dutzend voll hatte. Von den ausgedachten Kindern nun nannte er das älteste Träumlein. Das war ebenso alt wie der Murkel und seine besondere Gefährtin; und wenn der Murkel ein Junge war, war Träumlein ein Mädchen; war Murkel blond, war Träumlein dunkel; war Murkel wild und laut, war Träumlein sanft und leise.

In Wirklichkeit aber gab es Träumlein gar nicht, der Vater hatte sie sich nur ausgedacht. Keiner konnte Träumlein je erblicken, die Mutter nicht und der Murkel auch nicht. Nur der Vater sagte, er sähe sie immer, wann er nur wolle, und er wußte viel von ihr zu erzählen.

Und genau wie mit dem Träumlein war's mit dem Windwalt, den hatte sich der Vater als Spielgesellen für die kleine Mücke erdacht. Das war ein kleiner Junge, rasch wie der Wind und immer vergnügt. Am liebsten lief er barfuß, und stets vergaß er sein Taschentuch. Oft sagte der Vater kopfschüttelnd zu der kleinen Mücke, wenn ihr die Nase fortlief: „Genau wie dein Bruder Windwalt! Wo hast du denn dein Tüchlein! Und natürlich kann dir Windwalt wieder mal nicht aushelfen, denn er hat auch keines!"

Wenn nun der Vater mit den Kindern ausging, und er machte das Hoftor auf, so liefen erst die Hunde durch: Plischi und Peter. Dann kamen die Kinder; Murkel und Mücke. Dann wartete der Vater ein Weilchen, um auch Träumlein und Windwalt durchzulassen, und nun erst kam er nach und machte das Hoftor wieder zu. Murkel und Mücke faßten den Vater an, eines rechts, eines links, und neben den beiden gingen wieder Träumlein und Windwalt. Wurde der Feldweg einmal sehr schmal, so mußten alle ganz eng nebeneinanderrücken, um Windwalt und Träumlein nicht ins Korn zu drängen. Voran aber tobte der Pli-

schi, der noch jung war, und hintennach zottelte der Peter und ließ sich rufen, denn er war schon alt.
Wenn sie dann eine Weile so nebeneinanderher gegangen waren und hatten alles erzählt, was der Tag mit sich gebracht hatte, Gutes wie Schlechtes, so rief der Vater wohl: „Kinder, nun lauft alle, und wer den Plischi zuerst greift, soll ihm ein Stück Zucker geben dürfen."
Da stoben die Kinder los, und wer sonst sie laufen sah, sah nur zwei: den Murkel und die kleine Mücke. Der Vater aber sah vier, und er hastete hinterdrein, dem keuchenden alten Peter auf den Fersen, und er feuerte die Kinder an und rief: „Mücke, faß doch den Windwalt an!" Oder: „Murkel, willst du mal das Träumlein nicht schubsen!"
Dann streckte die kleine Mücke die Hand aus, und wenn sie auch nichts faßte, so war ihr doch, als liefe sie nicht mehr ganz allein, weit hinter dem Murkel. Und auch der besann sich, sah sich um, wich zur Seite, während der Plischi, der wohl gemerkt hatte, daß die wilde Jagd ihm galt, immer fröhlicher voransprang und immer lauter bellte.
Am Ende aber blieb er doch stehen und ließ die Kinder an sich, denn es war ihm wohl eingefallen, daß solch fröhliche Jagd stets mit einem Stück Zucker endete. Gab es dann Streit, wer ihn zuerst angefaßt hatte, der Murkel oder die Mücke, so war's keines von beiden gewesen, sondern etwa der Windwalt. Dann paßten die Kinder gut auf, wie der Vater dem Windwalt den Zucker gab. Der Windwalt aber war immer so heftig, daß der Zucker fast sofort aus der Hand des Vaters weiterflog in des Plischi Maul oder aber zur Erde fiel, von der ihn dann die kleine Mücke aufheben durfte. Träumlein aber hatte immer lange Zeit, ließ den Zucker ruhig in Vaters Hand, und der Plischi mußte erst auf den Hinterbeinen stehen, gehen, tanzen – und machte er's sehr gut, flog plötzlich der Zucker durch die Luft in sein Maul – du sahest nicht woher.
Zuerst trauten die beiden Kinder ihrem Vater noch nicht recht und meinten, Träumlein und Windwalt seien so etwas wie die Frau Holle und das Aschenputtel aus dem Märchen. Aber wie der Vater immer dabei blieb und ernst sagte, sie seien wirklich da, die beiden, und es gebe alles, was der Mensch nur ernstlich glaube, da gewöhnten sie sich völlig an ihre unsichtbaren Geschwister.

Besonders schön war das, wenn es dunkel geworden war, und die Kinder lagen in ihren Betten, die Eltern aber saßen noch in einem andern Teil des Hauses. Die Betten der Kinder standen weit auseinander, und sie durften nicht miteinander sprechen, sie taten es auch nicht. Aber flüstern konnten sie, daß es das andere nicht hörte, und das taten sie denn auch: Murkel mit Träumlein, Mücke mit Windwalt. Um sie war die dunkle Nacht, vielleicht ging vor den Fenstern grade der Wind. Sie hörten die alte Linde an dem Hausgiebel rauschen, aber sie waren nicht allein: Eines sprach und eines hörte, sie durften alles erzählen, das Verbotene wie das Erlaubte – Windwalt und Träumlein schwatzten nicht.

Kam der Morgen und ging der Murkel, der schon groß war, mit Schiefertafel, Lese- und Rechenfibel in die Schule, so blieb die kleine Mücke doch nicht allein. Sie saß vielleicht in ihrer Sandkiste und baute aus Kirschkernen, die immer zahllos von genaschten Kirschen unter dem alten Kirschbaum lagen, und aus Gänseblümchen einen Garten. Und wenn etwas nicht gelang, so war der Windwalt daran schuld, gelang es aber sehr gut, so mußte es der Windwalt bewundern.

Unterdes saß der Murkel in der Schule, und wenn auf allen Schulbänken vier Kinder saßen, auf der seinen saßen fünf, ohne daß der Lehrer es merkte: Das war das Träumlein, das an seiner Seite saß. Und es war ein Wunder, was das Träumlein alles wußte und wie es half, wenn man zu rasch gelesen hatte.

„Wie heißt das Wort?" fragte der Lehrer strenge, denn der eilige Murkel hatte „weiche" gelesen, weil er wußte, daß das lange Wort danach „Heuhaufen" hieß, und es war doch richtig, daß die Heuhaufen weich sind.

Sah er das Wort nun aber näher an, so merkte er wohl, es konnte nicht „weiche" sein, es lag kein „ei" in seiner Mitte, wie ein Ei im Hühnernest. Wenn der Murkel das Wort vor dem Heuhaufen immer länger anschaute – und es war wieder mal so ein häßliches Wort, wie er sie gar nicht mochte, oben lang und unten lang – und er kam nicht darauf, und der Lehrer sagte schon ganz ungeduldig: „Na, wird's nun bald –?! Das ist ein ganz leichtes Wort!", da war's dem Murkel, als spräche etwas ganz leise neben ihm das Wort.

Der Lehrer rief ungeduldig: „Willst du mal nicht vorsagen, Ursel!“
Aber darum brauchte sich der Lehrer nicht zu sorgen: Was die Ursula Hartig sagte, dahin hörte der Murkel gar nicht. Auf das Träumlein hörte er. Und das Träumlein flüsterte lautlos, mit dem Mund an seinem Ohr, ja, es war beinahe, als flüstere sie es inwendig: „H und o macht ho – eine Silbe! H und e macht he – andere Silbe! Einen Silbe ho, andere Silbe he ...“
„Hohe Heuhaufen!“ rief der Murkel laut.
„Das wurde aber auch Zeit“, sagte der Lehrer. „Setze dich!“
Und der Murkel setzte sich, ganz rot, nicht etwa, weil er sich schämte, sondern weil er so glücklich war. Er war aber so glücklich, weil ihm Träumlein geholfen hatte, und er fühlte genau, das Träumlein gab es wirklich. Der Vater hatte recht, es war in ihm und um ihn, auch ein Kind war nie allein.
Es kam eine Zeit in dem Leben der Kinder, da wurde der alte Hund Peter sehr krank. Die Haare fielen ihm aus, und er bekam Geschwüre über den ganzen Leib. Wenn die Kinder an seine Hütte liefen und fragten: „Wie ist es, Peter, der Vater geht mit uns aus – kommst du nicht mit?“, da hob der alte Hund mühsam den Kopf und sah die Kinder traurig mit seinen trüben Augen an und wedelte ein kleines bißchen mit seinem Schwanz.
Da fragte der Vater: „Wer von euch will hierbleiben und dem Peter ein wenig Gesellschaft leisten?“
Aber keines wollte es, nicht der Murkel, nicht die kleine Mücke.
„So müssen wir heute ganz ohne unsere Geschwister Windwalt und Träumlein gehen“, sagte der Vater. „Denn die bleiben nun hier. Das wird kein schöner Spaziergang.“
Und das wurde es auch wirklich nicht. Soviel die Kinder dem Vater auch zu erzählen hatten, mit der Zeit verstummten sie. Sie sahen über ihre Schultern, sie sahen rechts, sie sahen links – es war nur die Luft da, mit dem Sommerwind darin. Die war auch sonst da, doch sonst wußten sie, das Träumlein und der Windwalt waren in der Luft. Aber diesmal waren sie es nicht, diesmal waren die beiden daheim beim kranken Hunde Peter. – Und auch der Plischi schlich

nur traurig mit und sprang nicht lustig wie sonst voraus, auch ihm fehlte sein Gefährte, der Peter.
Da drängten die Kinder, nach Haus zu kommen, so fehlten ihnen Windwalt und Träumlein. Als sie aber auf den Hof traten, war da ein Herr im weißen Mantel, das war der Tierdoktor, der sagte: „Ja, nun ist der alte Hund gestorben."
Murkel und Mücke fingen an zu weinen, und nun tat es ihnen erst recht weh, daß sie nicht bei ihrem alten Freunde geblieben waren und daß sie ihm nicht adieu gesagt hatten.
Sie begruben den Peter unter vielen Tränen auf der Wiese am Wasser, und am Abend fragten sie, ein jedes seinen Gefährten, wie es mit Peter gewesen war, und sie hörten alles, Murkel von Träumlein, Mücke von Windwalt. Nun waren sie schon nicht mehr so traurig, denn es war ihnen, als seien sie doch ein ganz klein bißchen dabeigewesen.
So lebten die vier gemeinsam, und sie erlebten so viele Dinge miteinander, daß es gar nicht zu erzählen ist. Da war das eine Mal, daß die Kinder heimlich ins Boot gestiegen waren, und die kleine Mücke fiel ins tiefe Wasser und konnte doch nicht schwimmen. Der Murkel schrie, aber der Windwalt rannte wie der Wind, und der Vater kam aus dem Haus geschossen, schneller als eine Schwalbe, und holte die Mücke aus dem Wasser.
Ein anderes Mal waren die Kinder in die Priesterfichten gegangen, um die Nester von den alten Krähen hinunterzuschmeißen, die den ganzen Herbst und Winter zu Hunderten um das Haus krächzten, daß es ein Grausen war. Da verstieg sich der Murkel in einer Fichte und konnte nicht vor und zurück, und vor Hilflosigkeit und Angst fing er an zu brüllen. Die kleine Mücke aber lief aus Schreck fort. Da saß der Murkel nun oben, und die Krähen krächzten und schwirrten immer näher. Er meinte, vor Furcht zu vergehen, und hoffte, es käme jemand, der ihm hülfe. Es kam aber keiner.
Schließlich besann er sich auf das Träumlein, und sofort hörte er auch ihre leise Stimme, die immer war, als spräche sie in ihm. Sie wies ihm einen Aststumpen, auf den er den Fuß setzen konnte, einen Zweig, an dem Halt war. Sie sagte: „Mach nun die Augen zu, Murkel, und rutsch!" Und er machte die Augen zu und rutschte. Da war er heil und gesund unten.

Träumlein und Windwalt waren immer da, sie machten, daß ein Kind nie allein war. Sie redeten und sie waren stumm, sie liefen um die Wette und saßen still, sie halfen und sie hatten immer Zeit, ganz anders als die andern Kinder im Dorf.

Nun wurden die Kinder größer und größer – da wurde wieder alles anders. Denn da geschah es, daß die Mutter anfing zu schelten, und sie sagte: „Vater, was ist das für eine schreckliche Murkelei mit unsern Kindern –?! Das halte ich nicht mehr aus, und das mache ich nicht mehr mit! Die Mücke hat ihr Taschentuch verloren. Nein, sagt sie, der Windwalt hat's verspielt. Der Murkel läßt die Tür offenstehen; er soll sie zumachen. Nein, sagt er, er ist nicht zuletzt durchgegangen, das Träumlein war's. So geht es nun alle Tage: Ist ein Klecks im Schulheft, war's der Windwalt; das Loch hat Träumlein in die Hose gerissen; die Katze Windwalt gezwickt; den Blumentopf Träumlein hinuntergestoßen – nein, was ist das für eine schreckliche Murkelei! Da finde ich nicht mehr heraus!"

Der Vater fragte die Kinder ernst, ob das wohl so wäre, ob alles Schlechte und Verkehrte die unsichtbaren Geschwister, alles Gute und Richtige aber Murkel und Mücke täten. Die Kinder senkten die Köpfe und antworteten nicht. Da sagte der Vater, er wolle es noch eine Woche mit ansehen, sei es dann nicht anders geworden, so müsse er Träumlein und Windwalt in die Welt schicken.

In dieser einen Woche wurde ein Spiegel zerbrochen: hatte der Windwalt getan. Vaters Zeitung lag zerrissen beim Plischi in der Hundehütte statt auf seinem Schreibtisch: hatte keiner verschleppt, vielleicht aber das Träumlein …

So ging es immer weiter, bis der Vater die Kinder an der Hand nahm und mit ihnen hinausging in das Land, auf einen Berg, wo man die Seen, die Wälder, die Dörfer und die weiten, langen Landstraßen sieht. Es war ein grauer, windiger Herbsttag, die Kinder gingen still an des Vaters Hand, traurig zottelte der Plischhund hinterdrein.

Als sie auf die Höhe des Berges gekommen waren und das Land unter sich sahen mit den vielen Straßen, nahm der Vater seine eigenen Kinder bei der Hand, und er sprach: „Nun gehet hinaus in die Welt, Träumlein und Windwalt! Meine Kinder wollen jetzt große Menschen sein, da können sie euch nicht mehr gebrauchen." Und er winkte ihnen zu und rief: „Ihr seid treue und hilfreiche Geschwister gewesen, dafür sollt ihr vielmals bedankt sein. Vielleicht kommt noch einmal wieder eine Zeit, da wir euch brauchen können. Dann kommt ihr wieder zu uns!"

Die Kinder fingen jämmerlich an zu weinen. Denn wenn sie in der letzten Zeit schon nicht mehr so recht an ihre Geschwister geglaubt hatten, sondern immer gedacht hatten, sie seien nur ein Märchen vom Vater – nun, da sie grausam in die herbstliche, windige Welt gestoßen sein sollten, gedachten sie, wie die lieben Unsichtbaren Abend für Abend bei ihnen in den Betten gelegen hatten, und sie taten ihnen von Herzen leid. Doch vor allen Tränen hatten sie nicht gesehen, welche Straße Windwalt und Träumlein gegangen waren. Darüber bekamen sie schon auf dem Heimweg das Zanken, der Vater aber ging still nebenher, denn er hatte seine Kinder Windwalt und Träumlein von Herzen liebgehabt.

Die Zeit ging und ging, und die Kinder wurden große Leute, die keiner mehr Mücke und Murkel nannte, sondern Herr und Fräulein, und sie hatten so viel zu tun und zu denken, daß sie ihre alten Geschwister fast ganz vergaßen und gar nie mehr an sie dachten. Nur der Vater, der nun sehr alt geworden war, dachte noch an sie, und er sprach oft mit der Mutter darüber, welch lustige Murkelei doch das Haus gewesen war, als darin noch die kleine Mücke, der Windwalt, das Träumlein und der Murkel lebten.

Nach abermals einer Zeit aber hatten die Mücke wie der Murkel selber Kinder, und als diese Kinder größer geworden waren, verlangten sie, daß ihnen Mücke und Murkel erzählten, wie es gewesen war, als sie selbst Kinder waren. Da besannen sich Mücke und Murkel auf das Träumlein und den Windwalt, und sie erzählten ihren Kindern vieles von den beiden. Und den Kindern war es ganz so, als hätten Träumlein und Windwalt wirklich gelebt, und es waren doch nur ausgedachte Kinder!

So aber ist es auf dieser Welt: Wenn man etwas nur wirklich glaubt, so ist es auch da. Es gibt nicht bloß, was man mit Augen sieht und mit Ohren hört. Vom Windwalt und dem Träumlein und von der ganzen Murkelei hast du eben noch nichts gewußt. Aber nun weißt du von ihnen, und nun sind sie auch da, siehst du wohl!

Inhalt

Hoppelpoppel – wo bist du?

Geschichten aus der Murkelei